家庭會議
自信自立的開端
Raising Kids Who Can

原著 **Betty Lou Bettner · Amy Lew**

總校閱 **楊瑞珠** ｜ 翻譯 **黃慧森 · 趙元芝**

本書獲得的讚賞

　　本書闡明數個深刻且重要的育兒目標，其核心概念指出，以家庭會議做為親密和真誠的技巧，將幫助父母養育出有能力且有意願在不斷變化社會中脫穎而出的孩子。

—樂蒂・蔻汀・波格瑞賓，女性雜誌創始成員和《在朋友和家庭政治中》一書作者

　　本書是家長教育圖書館受歡迎的補充讀本。貝特納和盧創造一個新穎而有洞見的整合策略，以成就更有功能、更有責任以及更有能力的家庭。

—小唐・汀克邁爾，《準備成為負責任且有效能的父母》（PREP）和《有效能教師的系統培訓》等書共同作者

　　值得推薦的好書！它為現今迷茫的父母帶來相當好的消息和希望。每位媽媽爸爸都夢想讓自己的孩子變得有能力、負責任、能尊重且有勇氣。這些具體、實用以及久經考驗的策略將有助於實現此一夢想。

—琳達・亞伯特，聯合專欄作家和《應對孩子系列》書籍作者

　　本書提供一種有用、理智、關懷、尊重的方法，所有家庭都可以從中受益。我的家庭昨晚召開第一次會議，而且我們計畫持續進行。這本書帶給我實施家庭會議的動力與靈感。

—艾倫・巴斯，《療癒的勇氣》一書合著者

我為青少年和陷入困境的婚姻伴侶提供諮商已有30年。他們多數的問題都可藉由遵循您提出的「尊重自己和他人」這個簡單原則而獲得解決。

—西・納爾遜多尼，賓夕法尼亞州州立大學教授

本書內容相當豐富，可讀性強，而且輕薄短小，足以擠進現代忙碌人們的生活中。

—琳達・潔瑟波，廣播脫口秀節目主持人和《父母鼓勵計畫》節目導演

本書在提供家庭會議細節的同時，確實提供更多內容。貝特納和盧在自助文獻裡創造出其中一項罕見發現，就是可以為家庭帶來立即且正向的改變。

—法蘭克・馬恩，南科達克大學諮商學系教授，《完美育兒與其他神話》一書作者

從這本包羅萬象的家庭會議指南中，學習如何合作生活的方法。

—伊凡・偉恩浩斯和凱倫・佛萊明，《停止與孩子爭鬥，停止與青少年爭鬥》一書作者

本書為父母、諮商心理師、治療師和學校提供全面、清晰且簡潔的全新「必須」內容。

—鮑比・莫利茲，麻薩諸塞州聖特瑞維爾南岸家庭教育中心主任

致 世界各地的家庭

謹以魯道夫・德雷克斯（Rudolf Dreikurs）為代表，
他教導：

「民主必須從家裡開始……每個人都參與其建立、試
驗與探索各種途徑，直到發現最合適的共同利益。於是我
們就有個建基於全人類自由的自然秩序，以及用來象徵自
由〔個體〕無所不在的責任感。」

—社會平等：當今的挑戰

目錄CONTENTS

總校閱序

四C人生：阿德勒心理健康雕塑手冊系列（五之四）

教出有能力的孩子：從家庭會議開始

> 孩子如果能夠學會更多解決問題的本事，更有自信，
> 更懂得互相尊重，那麼他們應該就有比較高的勝算，
> 能夠迎接成人世界諸多挑戰與機會。家庭會議就是以
> 民主的方式處理難以解決的問題最重要方法之一。
>
> ——Vicki Soltz

阿德勒心理學透過《自卑與超越》（原文*What Life Should Mean To You*）中譯本引進臺灣後，陸續有不少譯自英文、德文和日文翻譯之相關書籍；但能把阿德勒龐大知識體系化為具體可行助人策略的書，真的少之又少。當代阿德勒心理學者Betty Lou Bettner從1989年開始根據阿德勒所認為人類有歸屬感、長進、意義和鼓勵的心理需求，提出家長和教師可運用在孩子成長的四個關鍵C（簡稱「關鍵四C」：Connection連結、Capable能力、Count意義與價值、Courage勇氣）。如今關鍵四C已應用在許多方面，包括在教養、兒童的遊戲治療、青少年的輔導、創傷治療、家長及教師的諮詢、教師專業社群、組織成員的態度檢核和公共衛生等。無論如何應用，關鍵四C不但可用來評估且協助個人及社群團體的關係效能，也可運用在臨床

諮商或企業組織促進改變的目標和策略。筆者備感榮幸能於2016年以四C理念創立臺灣阿德勒心理學會，很高興能介紹Bettner博士給臺灣認識，更感動「四C人生：阿德勒心理健康雕塑手冊」譯者群付出心力取得跨國翻譯權並自費出版。本書是此翻譯系列之第四冊。

　　本書自1989年出版後已經歷三次再版，有多國語言翻譯，也受到跨國的認同。本書每次再版都有不同的子標題，但共同點都在於如何使用家庭會議協助孩子養成負責、合作、溝通、尊重、自尊和快樂的能力，這樣的命題在34年後充滿困惑與挑戰的社會生活裡更是不可或缺。家庭功能式微、童年逆境、對成功或失敗的狹隘定義、貧富懸殊、社交媒體資訊誤導、社會價值兩極化、民主平等和傳統或極權思想的對峙等，都是孩子心理健康發展的障礙。兒童和青少年情緒行為問題諸如沮喪、網路或藥物成癮、同儕壓力、自傷、自殺、校園暴力、性侵、犯罪或其他訴諸暴力的衝突解決等，都是深層社會問題的症狀，需要家長、教師和社區心理健康專業人員協力從根本了解孩子行為背後的需求和目的，預備孩子健康的自我和社會生活態度，探索內外在的問題解決途徑，再找到生活次序。

　　本書所提供的家庭會議四C精神其實就是公民生活應有的民主程序。透過友善的家庭氛圍，在自由平等和社會責任之中找到平衡。若領導者能以家庭的整體視角來看待所領導的團體（如：班級、社團、職場、社區、機構、組織等），並以家庭會議講究合作互助的精神和策略共訂規範

解決問題或衝突，我們不難想像社會生活的和睦其實觸手可及。

　　本書兩位譯者皆爲經驗豐富之教育部認可的家庭教育專家。慧森是臺灣阿德勒心理學會第三屆理事，國立潮州高中輔導主任，她的雙碩士和博士論文研究以家庭教育、青少年生涯團體、敘事團體督導爲主；曾遊學美國，在世界和北美阿德勒心理學會發表自己與多元文化家庭及其子女工作所得績效和心得。元芝是臺灣阿德勒心理學會第三屆副理事長及第四屆理事長，多年來協助推動臺灣各地阿德勒心理學導向親師諮詢不遺餘力；是深諳青少年輔導的資深張老師，也是臺中市政府家庭教育諮詢輔導員，以及三個孩子的母親。兩位譯者皆爲北美和臺灣阿德勒心理學會雙認證的資深講師。筆者深信她們在本書問世之後更能用以推廣和落實家庭教育，全方位裝備大人及小孩的四C社會生活能力，就像陽光一樣，爲在黑暗中摸索的個體和群體找尋亮光以走向健康幸福的途徑。

楊瑞珠

博士，美國科羅拉多州奧羅拉城
創辦人，丹佛阿德勒心理生活學院
代言人，臺灣阿德勒心理學會、北美阿德勒心理學會
代表著作，勇氣心理學：阿德勒觀點的健康社會生活

譯者序一

　　在30多年的工作生涯裡，我的服務對象離不開孩子、家長和教師，而服務場域也從學校走進家庭和社區，從中深刻感受到「原生家庭教養是培育個體生命發展的重要基石」。當父母因應處理孩子各類問題時，其實也同步進入自身兒時與其父母互動歷程經驗的平行時空。在親職教養問題解決過程中，所有父母都會發現自己很需要支持、陪伴、引導與鼓勵，藉以勇敢接納自己的不完美，逐步走向「夠好父母」而非「完美父母」，進而與孩子一起走在「親子共學成長」的路上。

　　感謝遠從美國返臺創立「臺灣阿德勒心理學會」且戮力推廣阿德勒心理學的楊瑞珠教授推薦閱讀並鼓勵翻譯「關鍵四C套書」。從中我欣喜看見作者貝特納與盧兩位博士透過「關鍵四C」協助父母有效能召開家庭會議，並以「鼓勵與邏輯紀律」引領父母有方法處理孩子問題，讓親子雙方更有連結也更有勇氣一起面對日常教養所遭遇的挑戰與困境，有機會體驗不同以往的親子關係品質，同時也更有意願攜手實踐家庭偏好的生活型態，為家庭創建出更多美好記憶以及新可能性。

　　本書內容從理念和態度出發，輔以簡明案例說明及清楚操作程序，對於深陷親職問題現場的受困父母而言，確實是具體實用的教養地圖。我回顧反思過往陪伴受困父母

因應處理孩子問題的辛苦歷程，心想當時若有這本書做爲
父母隨身可用的溫暖支持與實用指引，相信他們就能練習
以「關鍵四C」的態度和作爲，更能連結、更有能力、更
具意義且更有勇氣地面對孩子突如其來的挑戰。期盼正在
閱讀本書的您也能從中獲益，並能實際應用於家庭互動日
常，讓家庭會議成爲孩子自信與自立的最佳推手，幫助他
們勇敢迎向自身生命任務。

黃慧森

諮商心理學博士・諮商心理師・諮商督導
高中/幼兒保育科、家政科、輔導科教師
高中/兼任輔導室主任（含組長）20餘年
大學/兼任助理教授（幼兒保育系、老人服務事業系、
教育學系、社會工作系社區諮商組碩士班）
教育部家庭教育專業人員
臺灣阿德勒心理學會第三屆理事

譯者序二

　　感謝你開啟閱讀，這不只是一本清晰簡單且實用的教養書，對你所重視的每一段關係都有無比的幫助。如果你想要絕佳的親子關係，也期望教養出自信、有能力、有責任感且有良好判斷力的孩子，更不能錯過。

　　阿德勒說「所有煩惱，都是人際關係的煩惱」。身為國中教師及長年擔任義務張老師再認同不過，青少年或家庭成員不分年齡、性別、職業、學歷每個困擾皆圍繞著友情、愛情、親情議題，許多人急於尋求關係的解藥。你知道嗎？家庭與學校是良好人際關係最初也最佳的訓練場。人，唯有感到有歸屬感才能安心的發展其他能力、願意承擔責任、有勇氣面對逆境及擁有正確判斷力才不至於落入歧途。

　　個人從親子關係的困境出發，直到遇見從美國返臺創立臺灣阿德勒心理學會並極力推廣全人健康的楊瑞珠教授，阿德勒心理學的學習讓我認識自己，同時更理解他人。眼光也從孩子的問題行為上移開，轉向好奇孩子的需求及行為背後目的，這是一個關鍵的起點。知道孩子行為目的，了解他的需求後，成人還要有合宜的因應，若想導正孩子的偏差行為，發揮正向影響力，我們得先跟孩子建立良好深厚的關係，家庭會議正是修復與加深情感的橋樑，藉此還能鼓勵孩子、滋養自信。

所有人都不能獨立生存，合作與貢獻是個體融入群體共同生活的必要能力，你我及孩子們都能學習。繼續閱讀將會發現本書是很好的教養地圖，作者貝蒂露博士從阿德勒心理學淬煉出的「關鍵四C」、覺察自身教養態度到「家庭會議」的具體操作，輔以案例說明，簡明易懂，如果你願意嘗試並持之以恆，將會有意想不到的收穫與喜悅，我就是見證者。非常歡迎你一同創建屬於自己的幸福家庭。

趙元芝

國中教師

教育部家庭教育專業人員

臺灣阿德勒心理學會第三屆副理事長

臺灣阿德勒心理學會第四屆理事長

推薦序（按姓氏筆畫順序排列）

　　家庭生活品質很需要親子共同規劃、執行與相互合作，期能成為學習型家庭，進而創造彼此所需要的親密互動及歸屬感。本書作者以阿德勒取向的「關鍵四C理念」帶領父母有效能地實施家庭會議，其中的各種原理原則與諸多具體實例都相當實用。

王以仁

國立嘉義大學輔導與諮商學系名譽教授

　　在諮商輔導實務工作上，每每與父母互動、交流對孩子的看法時，常可以感受到父母對於如何營造一個共融、共好的親子關係與家庭氛圍，充滿憧憬卻也常有受挫感。此書透過具體的操作技巧，協助父母透過家庭會議，培養孩子具備成功的關鍵四C能力，對時下想提升親職效能的父母來說，是個非常具有可讀性的工具書喔！

李雪禎

國立高雄師範大學附設高級中學輔導主任

　　這是一本值得推薦的好書，我很喜歡它下的標題，教出有能力的孩子：從「家庭會議」開始。本書旨在協助父母教出孩子具有「溝通、自律、責任、良好判斷、合作」的技巧和能力，與目前12年國教課綱的精神與理念相契

合。常見學校教育的願景是培養學生帶著走的能力，如果能輔以家庭中就已教出的能力，更能相得益彰。

洪慶在

國立臺南女子高級中學校長

教育部國教署家政學科中心主任

本書將難懂的阿德勒心理學轉化成具體可行的策略，協助家長和教師能有方法養育出「有能力」、「有勇氣」、並「對社會有貢獻」的孩子。書中提供許多家庭會議執行的技術和實例，是一本實用小書。

孫麗卿

國立嘉義大學幼兒教育學系專任副教授

值得終身珍藏的好書！豐富的內容涵蓋：教養品質、孩子成功的條件、關鍵四C、實現四C技巧、家庭會議、鼓勵以及邏輯紀律。透過許多詳細具體的家庭會議實際操作應用例子，讓讀者、家長可以實踐在家庭中教養出有連結、有能力、有意義、有勇氣的孩子；且能同時具備社會情懷與社會責任，成為能合作及貢獻的成人；進而因應多元社會，打破舊有的框架，彈性變通，選擇不一樣，以期邁向幸福家庭、圓滿人生。

連廷嘉

國立臺南大學諮商與輔導學系所專任教授

阿德勒指出自我啟發邁向超越自卑、發展社會情懷的幸福之路；四C人生的心理健康雕塑系列，正是幫助個體與群體，一起找到實踐方法的好書，值得一讀！

許育齡

慈濟大學教育研究所專任教授兼任所長

「家庭會議」顧名思議就是家庭中成員所需要召開的會議，回顧我的原生家庭以及婚後的家庭會議僅有幾次，或者我們都疏忽了「家庭會議」的重要性，對於一個家庭的擴展是多麼需要被重視以及被執行。很高興本書提醒了我們，從理解進而實踐，讓我們都能《教出有能力的孩子》。多數人都知道學校有班級會議或校務會議……，召開人為校長或學生，那麼，家庭是否也應如此？

臺灣近來霸凌或不當管教議題時時浮上新聞媒體，美國的槍擊事件也時有所聞，探究問題根源之一就是家庭教育的式微吧！書中以阿德勒心理學的角度提出「關鍵四C：連結、能力、價值、勇氣」最為中肯，大家都做得到最引人撼動。它就是養成一個人自信自立的【開端】。誠摯並歡喜推薦人人都閱讀、樂讀並予以實踐，因為家永遠是我們的避風港。

楊山琪

前臺中市家庭教育中心主任

現任臺中市政府教育局督學

很喜歡開章標題：「有意圖的教養」，提醒我們在平凡的日常親子或師生互動中，可能給予孩子的重要影響。本書應用阿德勒4C理念進行家庭會議的原理原則及諸多具體實例，不僅適用於家庭，即便在幼教現場也十分適用，值得參考。

楊曉苓

國立臺北護理健康大學嬰幼兒保育系所專任副教授

　　在幼教現場看見「親職失能」日趨嚴重，當孩子感覺不到愛與關懷時，常會出現情緒失控、緊張、焦慮，缺乏安全感與自信心。我發現父母也是深陷受困在親職問題裡，才會造成層出不窮的家庭教養尷尬狀態。看到本書翻譯出版，內容兼顧理念與實務，能給予父母練習的指引。相信家庭親職功能的提升，會讓孩子有自信能獨立，也會學習尊重與愛人。

蕭珉芬

臺北市私立陽光寶貝幼兒園執行長

　　透過此書可學習如何將阿德勒學派的四C原則運用在家庭會議與班級會議，透過增權賦能的民主歷程，陪伴孩子發展自律自重、擔當責任與權力、避免代間權力爭奪、建立平等且良善的關係。

駱怡如

臺灣阿德勒心理學會第三屆理事長

作者致謝

　　或許寫書最困難部分，是試著對一路上給予鼓勵、滋養和協助的諸多友人，精準地表達我們的感激之情。

　　我們所堅信的家庭會議價值是源自於自己與家人的親身經歷。感謝我們的丈夫華特和巴爾，感謝他們所有的協助與支持；感謝我們的孩子莎拉和凱特，還有馬克、米歇爾、馬修和陶德；以及我們借用為家庭會議提供有效證據的人們：羅比、愛麗絲、比爾、肯尼、唐尼、唐恩、瑞奇、彼特、黛比、比利、查爾斯、班、黛安、麥可、喬、梅麗莎、安德列、麗莎、凱斯和弗蘭。另外要感謝我們的父母和大家庭帶給我們成長的基礎；也要感謝許多個案及學習小組參加者與我們分享豐富的經驗和故事。

　　我們有幸得到許多阿德勒取向教師和朋友的鼓勵與指導。特別感謝曼佛德‧聖斯特卡爾德和雷恩門‧洛伊兩位博士向我們介紹阿德勒取向諮商。我們還向北美阿德勒心理學會、阿德勒夏日學校和國際機構委員會的同事學習而獲得許多資訊。

　　還要感謝那些在編輯上提供協助的所有人們：琳達‧亞伯特、鮑比‧莫利茲、艾蜜莉‧索恩、琳達‧潔瑟彭、哈佛‧格瑞爾、俊恩‧洛伊偉恩博克、瑪莉‧摩洛—克里斯特森，以及營銷與設計顧問—格林鮑恩和格林鮑恩。

特別感謝克莉絲汀・波利斯喬克對「家有幼兒之家庭會議議程」的慷慨藝術貢獻，以及瑪莉・蘇珊・康偉利的行政協助。

當然，最要感謝的是阿爾弗雷德・阿德勒（Alfred Adler）和魯道夫・德雷克斯（Rudolf Dreikurs），他們發展的理論和技術為我們的工作提供許多靈感。

前言　第四版

　　很難相信本書自第一版問世以來已達15年。這段期間我們有機會向來自美國和世界各地不同生活階層與文化的父母介紹「家庭會議」這個概念。

　　1990年春天，我們受邀至前蘇聯向心理學家、精神科醫師和教育工作者教導阿德勒心理學，當時獲得非常熱烈的迴響。這些人們在專制社會下成長，非常清楚自己的孩子若想成功生活在民主體制下所需要的各類特質和能力。像是：自主決斷、承擔責任、評估資訊、為自己做決定以及有效與人溝通等能力，對於那些重視投票和參與的國家公民而言，尤其重要。當人們既不知如何也無意願為生活在民主國家所享有的權利承擔責任時，我們就已經看見其中會出現的問題。

　　近年來，我們已經面臨因缺乏對民主意涵的了解而產生的可悲後果。很多時候，人們將其誤認為是寬容，認為民主意味著「我可以做或不做，隨我高興」。家庭會議為孩子提供一個實驗場域，讓他們了解社會秩序而得以發展出成功所需的技巧和能力。

　　我們對於這本書以及更重要的家庭會議概念能被廣泛接受並引發熱烈迴響而感到欣慰。本書已被翻譯成德語、捷克語和愛沙尼亞語；目前有意翻譯成中文、西班牙文和

韓文。我們已經從歐洲、北美洲、亞洲、南美洲、中東和非洲的人們那裡聽聞積極的回饋。

我們也接獲許多專業人士的聯繫，他們發現本書在各種環境中都很適用。在住院治療中心與吸毒者和酗酒者一起工作的治療師都使用家庭會議模式以進行開放溝通、認可並建立優勢，且爲建設性衝突化解提供模式；然後鼓勵個案返家後開始實施家庭會議，藉以打破舊有模式並且建立新的互動形式。研究指出，那些發起家庭會議的個案再犯率明顯下降。

被問題家庭養育長大的成人也發現本書非常有用。在經歷過破壞性的養育方式後，他們對於自己是否有能力建設性地養育子女而感到擔憂。家庭會議提供他們一個開放、鼓勵的架構，藉以發展出健康家庭。

家庭會議也成功地應用於兒童機構。參加群體會議的孩子開始談論自己的關注和感受，取代以行爲表現出來的做法。而班級會議也正在我們的學校系統中發起。研究證實，班級會議不僅可以減少行爲問題，而且可以提高學業成績。

如您所見，家庭會議的應用比比皆是。

本書這次修訂版涵蓋更多關於「關鍵四C」的資訊，我們發展此概念以描述所有人都需要的基本必需品。也就是

渴望與他人連結；知道自己的歸屬；感覺有能力且能處理
所遭遇的事；知道自己有價值且與他人有差異；以及需要
有勇氣來迎接生活中各項挑戰。

　　為回應更多與本書所探討之概念相關的資訊，我們在
《教出有能力的孩子》系列中再多撰寫三本書。《理解與
激勵孩子的父母指南》、《班級裡的責任：理解與激勵學
生的教師指南》，以及《教出有能力的孩子系列的帶領人
指南》，這是為那些對帶領父母學習小組感興趣的人們提
供兩個逐步指引的六週課程。這些指南和我們為伴侶撰寫
的《灰姑娘續集：當童話結束，現實生活開始時》都在本
書末附錄中有更詳細的描述。

　　我們自己的孩子現在全都已成年。當中有些也已經有
自己的孩子。我們可以誠懇地告訴讀者，當您的孩子還與
您同住時，家庭會議不僅有助於他們實踐承諾；而且還會
繼續積極地影響您和成年子女之間的關係。希望您能像我
們享受自己的家庭會議一樣享受您的家庭會議。很希望能
聽到您講述自己的經驗。

Betty Lou Bettner 貝蒂露・貝特納

米迪亞，賓夕法尼亞州

Amy Lew 艾咪・盧

紐頓中心，麻薩諸塞州

第一部分
教出有能力的孩子

第1章

有意圖的教養

身為主動參與父母和教師教育的婚姻與家族治療師，我們聽到許多對家庭未來的擔憂。人們不僅擔憂青少年吸毒和酗酒的高發生率、青少年幫派及其破壞行為、青年的普遍疏離；同時也擔憂越來越多的離婚、未婚媽媽，以及許多年輕人「唯我至上」的態度。

很多專家告訴父母應該制定律法，建立更嚴格規矩並且要求孩子服從。但是誠如所有青少年父母所知，建立規矩比起強制服從來得容易許多。我們遇見的父母對這個建議感到氣餒。他們試圖「讓」自己的孩子行為表現合宜，但卻發現孩子不是以不當行為進行挑釁，就是對正在做的事情有所退縮和隱瞞。由於父母成為不被信任的執「法」者，而讓原本可能存在的正向關係逐漸被破壞殆盡。

教育工作者和諮商心理師致力於尋找解決辦法。許多高中、大學和宗教團體開設家庭生活課程。雖然看見預防性嘗試的價值，但我們認為這些介入措施應該更早開始。需要建議在幼兒園時期就開始進行婚前諮商嗎？「嗯！或許吧！」幼兒園階段應該是孩子開始學習如何合作、承擔責任、解決問題以及開放溝通的時期。否則等到孩子長大成人或準備結婚之際，他們早就養成壞習慣了。

很多時候，我們努力保護年幼孩子免於失望、失敗或危險；對他們想要嘗試某些事情的熱情渴望，而我們認為超出孩子能力範圍時，就會做出負面預測。於是諄諄告誡孩子，他們太幼小、太年輕或太無能；卻對他們沒成為有貢獻、能獨立、功能良好的成人而感到意外。在協助孩子發展必要技能的誤導性嘗試中，父母助長競爭，將孩子與其手足和同儕做比較。我們不解為何伴侶在婚姻當中合作困難，然而卻鮮少有人曾接受關於合作的訓練。

　　知名的阿德勒取向精神科醫師魯道夫・德雷克斯一生致力發展有助於父母、教師和其他成人與孩子工作的原則。建基於阿爾弗雷德・阿德勒的理論與個體心理學，德雷克斯發展出符合常理且實用的方法，可以養育出有勇氣的孩子，使他們具備應對生活挑戰的建設性技能，以及能避開當今社會裡孩子所面臨的主要陷阱和危險。本書擴展這些實用方法之其中一項重要觀念，就是阿德勒取向家庭會議。

　　我們將向您說明如何運用家庭會議以避免養育出高風險且依賴性高的青少年，並為培養獨立且有能力的成人增加機率。另外，您將學習關於孩子成為有素養成人所需要的基本觀念和技能，以及如何在家庭會議中鼓勵發展這些觀念和技能。

「品質」時間

　　身為父母的我們都熟悉育兒時間質與量的相關討論。偏重哪個較好呢？兩者各自占比多少才足夠？何時應該重「質」？何時應該重「量」？隨著孩子的成長與發展，時間的質與量在不同階段的比例調整都很重要。嬰幼兒需要許多照顧，父母因而會付出「大量」時間。當晚上7:00精疲力竭時，父母需要提醒自己，「品質時間」終有一天會到來！隨著孩子成長，親子彼此相處時間的數量會逐漸減少；反之，互動的品質會逐漸提升。如果一切如計畫進展，當孩子長大成人時，我們之間相處時間的量會減少到一般拜訪的程度，但是與他們相處時間的質則會提升至如同好友般水準。

　　然而，為了實現這個目標，我們必須在所謂的「品質」時間上投注更多努力，從中培養並期望看見孩子素質的發展，像是：誠實的、合作的、負責的、勇敢的、尊重的、自信的、有成效、有自尊和能自律等等。這些素質受到多數父母的重視，是社會所需要的，也是成為一位獨立且能貢獻的成人所必需的。

　　提供相關培訓課程和資源開發的國立藥物濫用中心前主任史蒂芬・格林（H. Stephen Glenn）提及，在這些素質開始失去後，年輕人就有陷入麻煩的風險。他針對藥物和酒精濫用、青少女懷孕、犯罪和低成就等議題的廣泛研究後指出，這些問題行為者共同的性格側寫，都是長期

依賴他人的個體！依賴者不會把自己視為對社會有貢獻的人。他們只看到自己應得的，別人應該為他們做的，還有他們應該免除於家務、學校、工作以及其他社會生活所要求的。他們是「我世代」的犧牲品，無法看見自己必須為他人付出；也認為自己並不虧欠其他人任何東西。那些長期依賴他人的孩子既缺乏想望，也欠缺成為功能完善成人所需的技能。

雖然我們生來需要仰賴他人以求生存，但是你我也都有成長和獨立的想望。阿爾弗雷德·阿德勒提及這種需要他人、被他人需要以及需要自給自足的組合，可謂全人類共同的基本需求。我們將這些需求化作「四個關鍵C」，就是與他人連結、有能力自我照顧、相信自己重要且有價值，以及有勇氣。

在科倫拜（譯者註：Columbine取自維基百科／科倫拜校園事件是1999年4月20日於美國科羅拉多州傑佛遜郡科倫拜高中發生的校園槍擊事件）與其他學校發生的悲劇中，學生隨機殺害他們班上的同學和教師，以及越來越多的幫派成員和暴力行為。這些不幸事件印證我們的結論，就是當孩子感受到自己被疏離、孤立時，會透過不擇手段的破壞性作為來嘗試證明自己擁有「關鍵四C」。父母和學校可藉由建設性策略，以促進這四個關鍵C的發展，從而防止如同先前所述的其他可怕後果。

第2章

孩子成功的要件

關鍵四C

連結

每個人都渴望有歸屬感，感受到關係連結。人類需要其他人來維持自身生存。嬰兒必須快速發展出適應其家庭的方式以獲得照顧。孩子與第一個群體（他們的家庭）建立連結而發展所得的策略，將奠定他們終其一生與人連結的基礎。與家人發展出正向連結的人會感到安全。這種必要的安全感使他們能以正向方式與人接觸、認同他人、結交朋友並與人合作。

確定自己在人群中有地位的孩子將擁有對抗同儕壓力所需的自我把握。如果沒有這種歸屬感，他們可能需要持續確保自己在群體中有個容身之處，因而採取尋求關注或總是跟隨人群以嘗試融入的方法。

當孩子走過童年，他們有望發展出從依賴他人到自我獨立所需要的能力，並且最終透過相互依賴以學習與他人連結。

能力

每個人都想要感覺有能力且能勝任。為了培養安全

感、自尊和自我價值，人們得有信心能自我照顧以及處理生活中的大小事。孩子在具有安全氛圍的家庭中成長，得以測試自己的能力，無須擔心受到羞辱，就能相信自己並且擁有解決問題的能力。

沒有這種能力感，孩子會依賴他人以獲取他們所需要的自信。他們覺得無法掌握自己的命運，可能會試圖操縱他人以獲得控制權。他們經由「賦權」而誤把權力凌駕於他人之上，以及可能會引發權力鬥爭來讓自己安心。這些鬥爭可能採取專橫或抗拒的形式。父母幾乎都聽過孩子表示「你不是我的老闆」。

能發展出自身技巧和能力的孩子，就能展現出自我控制並成為自主自立的成人。

價值
每個人都想要被看重且感覺有價值。人們想要感到自己可以有所作為，以及擁有自我存在感。如果孩子自覺對家庭的貢獻是被感激及必要的，他們就會有自信且願意為他人做出貢獻。

當人們不相信自己對他人是重要時，他們會感到受傷，可能會試圖以傷害他人來證明自己的存在價值。「如果我不能讓你關心我，至少可以讓你害怕我。」被討厭總比被冷漠好，至少你會知道我在這裡！考慮自殺的青少年經常提及，他們想像當自己離開人世時，每個人將會多麼

悲傷。

不相信自己有價值的人不太可能投票表決或嘗試解決問題，或為自己的行動負責。

勇氣

第四個C—勇氣，是用來迎向生命中出現的諸多挑戰。有勇氣的人從自身錯誤中吸取教訓，願意嘗試新事物並且有韌性。

缺乏勇氣的人會逃避可能招致失敗或看似困難的情況。他們可能會試圖讓別人放棄他們，因為這樣就無須面對自認不足之處。

這些關鍵C（與人連結、感覺有能力、相信自己有價值以及培養勇氣）可能會透過建設性作為或對社會無助益的方式予以實現。人們可能會覺得自己屬於群體或幫派。他們可能會覺得自己有能力承擔責任，抑或可能會以謀生為由避開他人對自己的期望。人們在做出貢獻時，可能會覺得自己有價值；也可能會從不當行為或自我評價中，發現自己的重要性。他們可能會運用自己的勇氣以培養韌性，或從事愚蠢的冒險。青少年幫派和邪教則以負向手段提供所有的關鍵C。對某些孩子來說，這是他們感受到這些關鍵C的唯一管道。

必備技巧和能力

為了建設性實現「關鍵四C」，個體還需要發展以下四組重要技能：

溝通

溝通能力包括：能清楚表達自己且能傾聽他人意見。這些人際互動能力對於結交朋友、加入群體、獲取生涯成功與發展親密關係而言，都是不可或缺的。當這些能力不足時，會表現出對他人不真誠、缺乏同理心、無法分享情緒感受，以及在給予和接受愛或幫助上有困難。與人連結需要溝通能力。

自律

自律能力需要自我評估、自我了解，認知自身感受、目標和態度，以及願意為個人行動承擔責任。欠缺這些能力的人會依賴他人來決定自己是對還是錯。他們將自己與他人做比較，擔心自己該「如何做」勝過於該「做什麼」。他們似乎無法因應壓力或脅迫。低自尊不僅使他們無法誠實面對自我，而且總是禁不起誘惑。沒有自律，個體就無法將自己的才幹發展成為能力。

責任

承擔責任的能力需要認知自我限制，確認要完成哪些事情且願意滿足情勢上的需求。沒有這些技能的人可能會拒絕承受自己的行為後果。他們往往把別人當成代罪羔

羊、怪罪體制，或視自己為受害者。承擔責任與做出貢獻的想望是相輔相成的。

良好判斷

對新資訊保持開放性、有能力看見替代方案、有勇氣做出決定，以及有意願評估這些選項等，都是運用良好判斷的能力所需。如果缺乏這些技能，人們就會發現自己處於持續危機當中，有可能會在任何領域裡過度放縱，像是：財務、酒精、藥物、休閒、性等等；因為他們無法辨識、理解或應用有效方法解決自身問題。欠缺良好判斷的勇氣是非常危險的。

這些知覺和技巧的價值可透過當前研究之文獻探討加以驗證。關於連結的需求，誠如《美國醫學學會期刊》（278卷，10期，1997年9月10日，823頁）內以「保護青少年免受傷害」為主題發表的論文中提及全國青少年健康縱向研究結果所強調的重點。根據針對12,000多名7至12年級青少年實施的訪談研究結果，已確定有關情緒健康、暴力、物質使用（酒精、香煙、大麻）和性行為等方面的風險和保護因子。研究者觀察家庭、學校和個人時發現，對年輕人而言，與父母、家庭和學校的隸屬感（歸屬感）對研究中所提及的每種風險都具有保護作用，但懷孕除外（關於懷孕，該研究發現，父母的不贊成過早發生性行為與青少年的延後進入性關係兩者相關）。

1999年發表在《兒科與青少年醫學檔案》中的一項為

期12年研究結果顯示，培訓教師和父母如何鼓勵幼兒對學校的參與和興趣，以及教導孩子如何進行社交互動，都會對他們的行為表現和學業成績產生顯著的長期影響。

相較於未接受「小學介入策略」的孩子，曾接受「小學介入策略」的孩子可能在18歲前犯下暴力行為的比例降低19%；可能放縱於嚴重酗酒的比例降低38%；可能沉溺在性行為的比例降低13%；可能有多重性伴侶的比例降低19%；導致正在孕期或即將懷孕的可能性降低35%。這些參加「小學介入策略」的學生也更有可能留在學校以獲取更高學習成就。

有更多證據顯示，這四個關鍵C對於發展出更健康的生活方式至關重要。當我們經歷巨大壓力和危險時，關鍵四C最令人信服且具有保護與復原的成效。在9月11日的恐怖襲擊事件之後，我們看見人們互相聯繫，以提供彼此協助和支援。

當這四項基本需求（有連結、有能力、有價值、有勇氣）獲得滿足時，將是情感幸福的奠基石。有連結，可以協助孩子知道自己並不孤單，其他人會分享關心與隨時支援。感覺有能力，可以協助孩子感受到自我掌控，能做些事來幫助自己和他人。知覺有價值，意味著孩子可以有所作為，自己不僅重要且能做出貢獻。當孩子需要發展韌性以應對挑戰時，勇氣則是必備要素。這四個關鍵C也可以協助成人度過危機時刻。

上述能力的養成對於個人生活至關重要，不能只靠運氣就想達成。孩子必須得到充分的照護與栽培。雖然無法保證孩子完全按照我們期望的方式成長，但是若能在教養技巧上多些思考和努力，我們就更有可能養育出有能力且適應良好的年輕人。

第3章

讓關鍵四C發生

我們能做什麼？

此時不少父母開始驚慌失措。「我們要從哪裡找出時間呢？我們每天都有做不完的事情。如果能讓孩子完成所有預先安排的活動，偶爾在一起吃個飯，問問他們當天生活點滴，就已經很幸運了。我們如何確保能培養『關鍵四C』以及訓練出符合其需要的技巧呢？」

首先，評估自己目前的教養方式可否提升孩子的素質發展，這是相當嚴謹的事。我們可藉由回答下列關於現階段教養技巧成效的問題來完成這項評估：

1. 孩子有停止不當行為嗎？
2. 孩子有發展出我所重視的素質嗎？
3. 孩子對自己和他人所形成的觀點各是如何？
4. 孩子表現的是對社會有貢獻的一份子？還是宛如全世界都會為他／她服務？

在這些問題的答案裡，只要其中任何一項讓人不滿意，我們就必須想出新的辦法。

我們樂於告訴您的是，這並非如同您所聽到的那樣困難。透過結合直接和間接的教養技巧，每星期預留30至60

分鐘，您就可以對所有這些重要素質的發展產生強而有力的影響。

直接和間接技術

直接技術讓我們有機會確認孩子的知覺，發現他們如何看待世界，以及他們在其中的位置。這些技巧為我們提供一個進入結論的視窗，就是孩子會做出許多與自身經歷有關的事情。

阿德勒取向家庭會議就是一項直接技術。它確保孩子有機會藉由體驗和觀察，直接學習所有基本技能。透過這些定期安排、結構化的每星期例行會議，家庭成員能增強他們之間的聯繫。家庭會議中的讚揚、欣賞（感謝）、問題解決和做出決定等組成元素，突顯所有家庭成員的優勢並且協助他們得知自己有能力。當孩子看見自己確實有所作為且能做出必要貢獻時，他們會覺得自己有價值。會議中討論的重點在於解決問題而非歸罪指責；在家庭會議中做出的決定將在後續會議裡進行審查與調整，藉此過程培養孩子的勇氣。

間接技術是那些我們每天與人互動時所使用的，而這會為家庭生活定下基調。這些技術包括：如何相互交談、如何處理衝突和問題，以及如何處理日常生活中的需要。

為了成功實施家庭會議，父母應學習、使用和教導兩

項間接技術，也就是鼓勵與邏輯紀律（譯者註：藉由孩子行為與父母教養之間的邏輯來培養紀律）。鼓勵可以發展出自尊、自立、勇氣以及有能力感。邏輯紀律的使用展現出社會秩序的重要性，教導因果關係並促進自我評估、良好判斷與承擔責任。這些技術會在第10章至第13章中進行更全面性的說明。

這些重要的間接技術（即鼓勵與邏輯紀律）和家庭會議的直接方法合併使用後，將成為可營造獨特氛圍的有力工具，得以培養孩子成為獨立及有效能公民所必備的技巧和素質。我們的目標是養育出有勇氣對毒品說「不」，以及對酒精和性活動做出明智決定的孩子，他們將成為有連結、有能力且覺得自己能為社會做出貢獻而有價值的公民。

第二部分
家庭會議

第4章

開始行動

『家庭會議對每位家庭成員都有不同的意義』

　　現代人生活忙碌，多數的計畫和決定都是在匆忙之間
完成。父母通常會做出所有安排、規劃活動、分配家務；然
而，倘若孩子不感激這些爲他們所做的一切，父母會覺得煩
躁或生氣。另一方面，孩子很有可能會感覺被支配和無價
值，因爲父母在做計畫及下決定之際，他們被排除在外。

　　約翰和瑪麗對自己的孩子拒絕與受邀客人的孩子分享
及玩耍而感到苦惱。他們不理解自己的孩子為什麼不
能對受邀客人的孩子更加友好及歡迎。歷經長時間教

導孩子有關合宜行為表現後，他們終於騰出時間聽孩子解釋。爸媽被孩子的簡單回應嚇了一跳，「我們不喜歡那些孩子，況且我們並沒有邀請他們啊！」約翰和瑪麗意識到，忘記禮貌的不是孩子而是自己。爸媽可以理解到，如果孩子沒有事先徵詢爸媽就邀請朋友的父母過來，然後期待爸媽和朋友的父母同樂，自己也不會太高興。

當家人花時間坐下來共同決定需要做什麼以及如何做時，每個人都可能對結果感到驚訝。經歷過與孩子為倒垃圾而爭吵的父母可能會發現，當孩子理解自己需要完成哪些家務時，他們更有可能承擔責任並且會記得確實做到。成功的會議有助於家庭成員學習分擔責任以及一起解決問題。

開始實施家庭會議的方法之一，是由父母一方說明這個想法，可以說「我讀到一個有趣的做法，許多家庭用它來組織、規劃、擬定計畫和解決問題。我想在家裡試著使用這個方法，或許一個月吧！然後看看這對我們是否有效。大家願意嘗試看看嗎？」父母通常會覺得直接或間接向家人提議實施家庭會議是最有效的方式。

有些父母對家庭會議這個主意感到興奮，期望自己的孩子也能看見其中的價值。即使父母提到，會議是家庭成員相互對話的好方法，大家在事情處理方式上都有發言權，還能增進合作；但是孩子在第一次家庭會議實施時可能會產生質疑。孩子可能會認為，這只是父母想出來的一

個新方法，藉以要求自己完成父母想要做的事。孩子對此並不覺得陌生，因為父母經常要求「合作」，而實際上他們的意思卻是「照我說的做」。

避免這個問題的好方法是慢慢開始。不要突然就宣布家庭會議的全部做法，父母可先單純邀請每位家人聚在一起計畫家庭活動，從討論如何解決家庭問題並做出決定的過程中介紹有關家庭會議的想法。當涉及到樂趣時，多數人會感到愉悅而且通常會願意試試看。

對於年齡較長的孩子，父母也許可以邀請他們討論借車、零用錢或其他一些特別待遇。重點是這些話題應是孩子感興趣的。

每個人都很重要

為了展現每個人的意見都有價值，請確保所有人都知道要討論的內容。

即使不見得每個人都會參加，也要找出人人都能參與會議的時間。如果是大家都能參加的時間，就可以讓一開始沒意願參與的人至少有機會改變心意而決定參加。以邀請所有人但不強迫任何一位的方式，讓每個人都能感受到被需要且被尊重。每個人都很重要。

「我們何不明晚聚在一起討論這個週末假日可以做些

什麼，大家提供一些意見來訂定計畫。」

「爸爸，我明天不在家。我要練習曲棍球。」

「好的，大家看看有什麼時間可以一起討論呢？」

另一種表達尊重的方式是分享孩子將會需要的資訊，以便提出可行的建議。如果有任何特殊限制，像是：時間、金錢或距離，請立即說明。

「我當然希望大家可以從每個人那裡獲得許多建議，但是當你們思考的時候，一定要想出適合我們預算的提案。」（父母應該告訴孩子，他們可以花多少錢。）

如果不在決策開始前提供這些資訊，孩子可能會覺得父母是專斷地拒絕他們的想法。隨之而來的可能是反對與不信任。先說明限制，讓每個人都在同一條船上，具有同等的責任和機會，然後做出明智的建議及決定。這對民主國家公民而言是重要的訓練。

尊重和「有限制的自由」等主題會持續貫穿整個會議架構。每個人都被鼓勵參與，每個人都在傾聽，所有的想法都會被考慮在內。

「大家都在這裡，離睡覺時間還有一個小時，那麼我們何不先來個『腦力激盪』呢？」（可能需要向年幼孩子解釋什麼是腦力激盪；亦即，每個人都可以提出想法，盡

可能提供越多越好的建議。我們可以列出所有的建議。這些建議可以很有趣，也可以很嚴肅，或者介於兩者之間，因為有時候某個人的奇想會幫助其他人想到更多點子。）

「記住，這只是個提出各式各樣想法的時間。我們將在稍後進行討論並且給出意見。」

　　盡量讓每個人都有機會發言，這樣每個人的想法都能被聽見。「我們來把計時器設定為五分鐘，看看在這段時間內我們能激盪出多少個想法，如何？」

家庭間連結

　　把所有想法都寫在紙上，這張紙大到可以掛起來讓每個人都看得到。這個簡單的想法清楚表明這是個家庭方案。孩子與家庭的連結受到重視。下一步是評估每項根據既定限制所提出的建議。保持開放性討論，讓每位家庭成員都能說出她或他想要做什麼以及為什麼這麼做。

> 「哇！看看這張清單。我們做得很好。我認為三個臭皮匠勝過一個諸葛亮。我敢打賭，在這份清單上有很多我們都會喜歡做的事。現在該如何決定呢？」
> 「大家可以檢視清單看看有哪些項目需要刪除？是因為超出我們的成本預算，或者比起我們有空的星期六需要更長時間。」
> 「我猜，到迪斯奈樂園的旅行已經出局；不過或許我們可以討論看看是否明年假期時再來計畫如此做。」

「大家何不每個人拿一支不同顏色的蠟筆，在每個想做的項目旁邊畫上一顆星星；即使這不是你提出的建議，也不是你最喜歡的提案。讓我們看看這些想法中有多少是大家都喜歡的。」

「大家何不列出自己最喜歡的三個項目，看看每個人的清單上有些什麼？」

「有個建議是所有人的第一或第二選擇──就是去看電影。那麼是要看日場還是晚場？如果我們選擇優惠場次，可能還會有足夠經費在看完電影後去吃點什麼。大家的看法如何呢？」

如果有人不同意，以及其他人聯合起來表達生氣或試圖施加某些壓力，父母可以藉由給予支援聲明而重新建立尊重的氛圍。

「羅恩，如果麥克不想看電影，我不希望他因為讓步而玩得不開心。這次聚會目的是，找出我們每個人都感興趣的事情。我想我們應該尊重麥克的決定，看看什麼對他是有趣和無趣的。或許你可以在下星期再提出關於看這部電影的想法。對我們全家人來說，計畫一個每個人都覺得有趣的一天是很重要的。」

每個人都有能力

現在該討論執行計畫時需要做些什麼，以及每位家庭成員將承擔什麼責任。

「我們應該幾點出發？有誰知道電影開始的時間？有誰知道需要帶多少錢？大家是想在出發前吃些點心？還是想去到那裡再買？」（如果選擇另一項活動的話，討論內容可能包括其他要求，例如：食物、設備、交通。）

允許每個人承擔部分計畫的執行責任，讓每個人都有機會經由貢獻而自覺重要。可以制定一份責任清單，讓每位家庭成員都有辦法參與（可以讓年幼孩子取得有電影清單的報紙，或者其他可能需要完成的任務）。這樣，即使是家庭中最年幼孩子也可以體驗自己是家裡有能力且必要的成員。

有時候，家庭無法在某個想法上取得共識。如果發生這種情況，父母可建議找其他時間安排大家一起聚會，以便提出更多建議或重新考慮已提案部分。記得保持友善的語氣。

「好吧！看來我們必須先暫停會議，因為現在是睡覺時間。我們不妨多思考看看，還有敲定這星期大家可以再次討論的時間？」

這時候可能會有某個成員曾經不喜歡所有提議，而當下只是勉強同意接受其中某些想法。當父母意識到孩子正在屈服時，可以給予一些鼓勵的話語。

「麥克，我們並不想要你勉強同意做些讓自己感覺不愉快的事情，可以在下次會議討論後再選擇，不需要現在就做出決定，我們還有另外一次討論機會。」

培養勇氣

運用家庭會議解決問題並評估結果，向孩子展現出公開討論自身問題是可行的。他們看見家庭重視的價值是，從錯誤中學習並且堅持以對，而非責備和逃避。藉由展現出對他人想法和建議的開放性，父母鼓勵孩子嘗試新事物。透過家人一起解決問題，孩子從中學習如何面對困難，以及如何應對生活裡的挑戰。無庸置疑的是，發展勇氣的最佳方法之一就是親身示範。那些承認自己曾經犯錯並且展現出如何運用所學而再次獲得成功的父母，可以培養他們孩子的韌性和勇氣。

未來會議

為了介紹關於「擴展會議」的想法，父母可能需要請孩子針對如何進行「規劃會議」（譯者註：為協助實施擴展會議的內容及成效），提出意見和回饋。

你認為這種用來決定我們可以做什麼的方法行得通嗎？你會改變我們哪些做法呢？是什麼讓它變得有趣？有什麼是你不喜歡的？你認為我們可以在這樣的會議上討論哪些其他主題呢？

在發展出信任和技巧之前，家庭可能需要有幾次的規劃會議，以助於增加更多議程項目。

如您所見，即使是為了規劃讓人樂在其中的活動而進行的簡單討論，也可以提供寶貴機會以強化「關鍵四C」並發展技巧和能力。孩子和成人學習傾聽與分享、承擔責任、相互尊重，以及參與決策。這個過程提供一種與家庭連結的感覺，它顯現出每個人都有能力做出貢獻，每個人的意見都很重要。或許最重要的是，它為勇氣提供溫床。

家庭目標

當家庭看見每星期召開家庭會議的優點時，通常會渴望將家庭會議更全面地發展。第3章曾討論如何養育出我們希望在自己孩子身上看見的素質。現在我們有機會思考並培養期望在自身家庭中看見的品質。這些品質可能因為家庭不同而各有殊異。它們是每一家庭渴望的具體特徵，而我們可稱之為「家庭目標」。

為了確保這個會議是屬於家庭的會議而非只是父母的會議，讓整個家庭參與設定「家庭目標」相當重要。如果孩子覺得只有父母的願望會被考慮在內，他們就不太可能投注心力達成這些目標。

父母可以透過多種方式來介紹有關「家庭目標」的概念：

「當你們還小的時候，只能由身為父母的我們決定家庭應該怎樣；但現在大家都長大了，我們想聽聽各位的意見，然後一起決定我們想要有怎樣的家庭。」

「如果按照你的意願，我們的家庭會是什麼樣貌？」

「我們知道你現在是個青少年，可能正在考慮離開這個家，或者認為不值得努力把事情做得更好，但是我們想要在你離家前的這段時間一起過得更美好。」

「當你開始組成自己的家庭時，你希望的家庭會是什麼樣貌？」

為了避免防衛、侮辱、爭論和貶低，人們被要求聚焦於自己希望在家庭中看到的樣貌，而非不想看到的。

（不喜歡）「我討厭湯米總是在抱怨。」

（想　要）「我想要人們彼此好好交談。」

（不喜歡）「我希望人們別再糾纏我了。」

（想　要）「我想要人們尊重我的隱私。」

（不喜歡）「我無法忍受蘇西這麼勢利，還有不讓任何人靠近她的房間。」

（想　要）「我想多花些時間和蘇西在一起。」

因為我們希望所有家庭成員都覺得自己的想法很重要，以及他們都有能力做出貢獻，所以要求每個人寫下（或者，若有年幼孩子的情況，則口述）他或她想要什麼樣的家庭。重要的是，在與他人分享前，每個人都有機會先檢視自己的看法。這樣每個人都可以針對主題提供一些真實想法，而不會過早受到他人觀點的影響。

對父母而言，另一個好處是有機會聽見對孩子真正有價值的事物是什麼。一些父母可能會對自己所聽到部分感到驚訝。

有個家庭為一位青春期兒子的叛逆行為（整夜不回家，在學校的好幾個科目不及格）來尋求諮商。當每個人都被要求回答「我希望我的家庭如何」時，兒子寫道，「我希望我們能更常在一起吃晚餐；我希望有更多的家庭假期；我希望人們別再問我這麼多問題。」父母感到震驚，以為兒子迫不及待想要離開他們。兒子確實想要更獨立，以及想讓父母更信任自己，但也想要和父母更親近。

當每個人都寫完後，接下來就是分享時間。每個人輪流閱讀他或她的想法，並且讓其他家庭成員給予回應。回饋形式可能是「我同意／不同意什麼」、「讓我感到驚訝的是什麼」、「我不明白的是什麼」等等。

然後把全家人各自的想法整合納入「家庭目標」這份聲明中。首先，家庭可檢視所有想法並將其分為兩類：（1）品質：我們希望家庭成為什麼樣貌，以及（2）行動：家庭需要做什麼來達成這個品質。品質包含親近、情感、尊重、助人、關心、合作等。行動則包含共進晚餐、親吻道晚安、進門前先敲門、幫忙做作業、傾聽他人關注的事、按時完成家務等。

既然「家庭目標」是需要家人爲之努力的準則或理想，就應該是品質的聲明。家庭採取的行動會隨著孩子年齡、家庭人數與情勢需求等等而有所改變。「家庭目標」聲明聽起來可能像這樣：

　　（有年幼孩子的家庭）家庭是個讓人感到安全、被愛以及會相互幫忙的地方。每個人嘗試幫助他人並且感受到自己的重要。
　　（有年長孩子的家庭）在家庭裡，我們會彼此尊重，會相互支持家人所做的決定，會執行經過大家同意的事。

　　一旦「家庭目標」達成一致後，下一步就是「行動聲明」，要求所有家庭成員思考他或她可以做些什麼來達成「家庭目標」。然後每個人可以挑選一件下星期要做的事。重要的是，讓人人都能做出沒有壓力的選擇（建議可能會被視爲批評）。

　　強尼（5歲）：沒有經過梅根的允許，我不會進入她的房間。
　　梅根（14歲）：我不會取笑強尼，或稱呼他爲侏儒。
　　喬治（8歲）：我會主動做我的家務，不需要別人提醒。
　　馬克斯（17歲）：我打算每星期和喬治做些特別的事。
　　爸爸：當家裡有人跟我說話或相聚的時候，我會全神貫注。
　　媽媽：我會等到有人徵詢我的意見時才提出建議。

在下次會議時，家庭成員將評估所有人採取行動後的
成效如何，以及是否有幫助。可以選擇新行動和／或舊行
動再持續執行一星期。

「家庭目標」聲明也應該在這個時候加以檢視。如果
每個人都仍然同意執行，就清楚記錄下來，放在顯眼的地
方（冰箱上、家庭記事本內）。任何更改都應該得到所有
人同意，並在下次會議裡進行審查。未來若是出現分歧或
衝突時，家庭可以參考「家庭目標」以確定解決方案和／
或行動究竟是促使他們距離家庭既定理想更接近或者更遙
遠。

第5章

創建議程

你何不把這個想法放進我們下次家庭會議的議程呢?

爸爸! 可以提高我的零用錢嗎?

『 並非所有問題都必須立即解決 』

一旦全家人決議定期召開會議,就可以透過議程來擴展會議價值以滿足某些特殊需求。議程可能包括下列項目:感謝對方、分擔家務、解決紛爭、分配資金、制定計畫、獲得協助以解決問題、分享資訊、規劃家庭活動等等。

以下將討論如何為家庭會議設定架構並且創建議程。

讚揚

不管你在家庭會議上可能進行哪些項目,都應該把鼓勵時間納入。大多數家庭將這個議程項目稱為「欣賞」、「感謝」或「讚揚」。這個項目最好出現在會議開始時,

以期為愉快的溝通定下基調。

批評和抱怨在大多數家庭中司空見慣。任何觀看老套電視喜劇的觀眾都會在半小時節目裡數出25至50個諷刺性貶低。通常在緊湊且衝突的行程中幾乎沒有時間做任何事，除了匆忙的指示和糾正外。父母需要透過家庭活動來抵制這種挑剔行為，這樣所有人都能學習彼此珍視和欣賞的重要性。以「欣賞（感謝）」開啟會議，保證所有人將有機會從容地找尋優勢，並向孩子展現出我們同時注意正向和負向這兩面。

協助忙碌家庭轉換節奏的方法是在會議開始時靜默一分鐘，讓參與者表達心中的讚揚（或感謝）：

- 謝謝爸爸這星期接送我參加訓練活動。
- 我想說，上星期五大家一起幫忙清理辦公室時，讓打掃這件苦差事變得容易和愉快多了。
- 凱蒂，我想讚賞妳在科學專案（計畫）上的努力表現。
- 我要感謝馬克幫助我完成作業。
- 我要恭喜梅麗莎願意品嚐花椰菜。
- 米歇爾，謝謝你在我離開時幫忙做家務。
- 我想跟大家說，我很感激在我烤焦餅乾時，沒有人對著我吼叫。
- 莎拉，謝謝妳分享關於如何處理校園霸凌的看法。這真的很有幫助。

- 馬修，即使你不喜歡老闆，也還能在工作中堅持下去，這讓我印象深刻。
- 我最近還沒說過，所以我想告訴陶德，我為他辛勤工作和勤練空手道的堅持而感到自豪。

每個人都有機會（無需堅持）就上次會議後發生的任何事情，向家庭中每位成員表示感謝。當父母熱切地向家庭中每個人表達感謝時，孩子會很快跟上。一開始可能會不習慣或不自在地給予和接受讚揚，但每個人都喜歡聽到好話，不久後這將成為會議上的亮點。

對於不能來或不願意參加會議的家庭成員，我們仍然給予他們讚揚（表達感謝、欣賞和尊重）。會議用來教導所有人都以正向溝通來獲得認可。沒有人會因為不參加會議而受到批評，以及每個人都會被邀請參加任何規劃好的活動，即使他或她不參加會議。

指出個人優勢是建立自尊和勇氣的重要一環。大多時候，讚揚只是給予那些已經成功的孩子。對於那些持續行為不當的孩子來說，很少聽到人們談論自己做對什麼事。他們可能會變得極度氣餒，以至於認定要讓其他人注意到自己的唯一方式就是惹麻煩。

唐恩是一個氣餒的孩子，總是行為不當。她經常被人們指出她做錯什麼，而感覺到被挑剔和生氣。在家庭會議的讚揚時間裡，大家都有新的體驗。唐恩和家人

都意識到她並不是「全部都」壞！這個視框改變有助於唐恩找尋其他方式融入人群；同時也幫助人們重拾對唐恩的熱情，改變原先對她的「低」期望。

即使只做「規劃活動」和「欣賞彼此」這兩件事，家庭會議仍然是個有價值的工具。至少我們知道可以隨時合作，而且無論我們在這星期對彼此有多生氣，總是能找到一些好事來說。

議程主題

每個家庭都應該調整會議以滿足自身需要。會議是為所有家庭事務而召開。每個家庭對議程項目都有各自的偏好。好的第一步是列出所有要在家庭會議中討論的項目，像是：

- 家務或庭院雜務
- 關於任何家庭議題或關係的問題或關注
- 寵物照顧
- 宣布／公告
- 穿著或個人需求
- 家庭規則
- 家庭作業或學校專案（計畫）
- 電視特權
- 電腦時間
- 假期
- 家庭娛樂

- 禮物
- 慶祝活動
- 菜單建議
- 過夜或晚餐的客人
- 讚揚
- 零用錢
- 特殊專案（計畫）

　　個別家庭可能會有他們認為不應該在會議上討論的項目。看到有這麼少事情不能被提案與群體討論和共享時，可能會令人驚訝。雖然最終做決定的責任可能在於個人或父母，但是其他人的意見和關心可能會提供額外的可能性、有價值的見解，甚至會影響最終的選擇。

　　為了提醒我們既定的協議並且阻止「選擇性記憶」，簡要記錄是需要的。建議將家庭會議紀錄保存在「家庭會議記事本」內，如此就可以提供關於主題、討論和決定的永久性紀錄。重要的是，將記事本放在每個人都容易取得的指定位置，這樣所有成員都可以自由檢核紀錄以便獲得澄清。父母無須持續提醒或記憶，任何人忘記時可以隨時查看上次會議紀錄。保存每次會議書面紀錄做為記事，將提供絕佳的家庭生活編年史。

　　某些家庭在冰箱或公告板上張貼議程，以方便成員隨時增加他們希望的項目。對於年齡太小而無法閱讀的孩子，可張貼一張附有圖片的圖表，這樣他們就能「閱讀」

每一項目（參閱附錄）。另一種制定議程項目的方法是，將每次會議所要討論的事項適當分類，例如：

- 欣賞和感謝
- 上次會議紀錄
- 議題、關注和解決方案
- 宣布／公告、計畫、每星期行程
- 家庭需求
- 家庭事務
- 家庭娛樂活動

當孩子告訴父母一些消息或新資訊時，父母可以提醒他們「一定要在這星期的家庭會議裡宣布這些訊息。」而在這星期內出現的話題和想法，家庭中任何人都可建議在下次家庭會議時再討論。如果某個主題經常出現的話，則可建議將其設定為永久或常設的議程項目。

家庭工作

如果想讓孩子覺得自己很重要，就必須讓他們知道自己是被需要且受重視的。如果父母想讓孩子自覺有能力，就必須賦予他們責任；以及透過對家庭經營做出貢獻的過程中，給予孩子發展自身能力的空間。

每位家庭成員都應該參與家庭事務，藉以感受自己的重要與能力。很多時候，父母在準備好「需要」孩子之

前，就已經阻止孩子想要的貢獻。

4歲孩子：「媽媽，我可以使用吸塵器嗎？」

媽媽：「喔！不，親愛的，你太小了，不適合那份工作。」

10歲孩子：「爸爸，這個夏天我可以開始除草嗎？」

爸爸：「不，對你這年齡的孩子來說，割草機太危險了。」

取代拒絕或說教，父母可以說：

「走廊還沒有吸塵，很感謝有你的協助。這個家裡需要大家的幫忙。」

「如果真的想承擔這個責任，你知道割草機怎麼操作嗎？有哪些安全預防措施是你必須採取的呢？」

父母可能會驚訝地發現，孩子已經仔細研究情況及掌握許多必要資訊。當孩子要求承擔更多責任時，通常是個好跡象，顯示他們已經準備好繼續前進並且掌握更多。

所有任務都需要合作，成功的家庭知道如何一起工作與分擔責任。分擔責任最有力的要素是相互尊重。當我們尊重他人時，並不期望對方承擔我們的責任，但確實期望他們能承擔個人責任。尊重意味著不強迫，也不縱容他人。我們既不施壓逼迫，也不拉扯強求！

許多家庭經常提到家務是持續爭論的來源。大多數人認為「家務」是件苦差事。即使沒有氣憤，也常被討論。

邀請合作的方式之一是，將家庭順利運轉所需的工作視爲家事而非家務。每星期召開會議的家庭多數將家庭事務列入議程項目。這個項目在下列情況中會進行得更順利：

1. 每位成員對於需要完成的工作都有發言權。

2. 群體根據成員的能力決定誰將做什麼、何時做與如何做。孩子總是被期許應該爲家庭做出貢獻，並且在所有家內和庭院工作中施予訓練，以成爲熟練且自給自足的人，從中體驗幫助人及被需要的感覺。

3. 群體討論決定「如果未完成經協議分配的工作時所需承擔的後果」（即「萬一行不通」預防措施）。工作未完成的後果應該適用於所有人。假若父母忘記履行家務，孩子應被准許遵循相同程序處理之。律法下的正義，從家開始施行！

4. 爲了避免混淆，父母可帶家人參觀每個房間或每項任務，然後詢問所有家庭成員：「大家認爲這裡需要做些什麼？」可以寫下工作指引並保存在家庭會議記事本背面。

　　父母對孩子說話的方式也會影響他們感覺是否被尊重和被需要，或只是被指使及被利用。以下是父母試圖獲得「合作」的某些典型錯誤方式與其替代建議：

避免說：

「既然你不想選擇其中一項工作，那我就分配給你一份喔！」

試著說：

「如果你不想現在決定自己要哪項工作，我們會詢問其他人想要什麼。在你做選擇時，可以先查看工作清單，再寫下你的決定。如果明天還沒有做出選擇的話，我會再查看哪些家務沒被選中，接著就會寫下來成為你的工作。」

避免說：
「我告訴過你，浴室這項工作太大了，但你堅持要承接這個工作。現在你還有一半的工作量要完成。」
試著說：
「我看得出來你覺得這星期自己挑選一件非常大的家務；不過，我相信你能在下次會議前處理好。」

避免說：
「這個星期天我們要去公園，所以我會採買需要的食物，打包好午餐，然後把車加滿油。還有什麼要我做的呢？」
或者說：
「親愛的，感謝你幫忙到商店採買，不過，我一個人可以更快處理好，而且你提不動購物袋的，因為它們太重了。」

試著說：
「既然決定這個星期天去公園，我會提議煮些雞肉帶過去。其他人有想到什麼需要做的嗎？」每提到一個項目，主席就會問：「有誰願意做那份工作？」如果

沒有人有意願，就取消那部分；或者問，「我們應該
怎麼處理？」

建立家務分工系統這件事沒有所謂最好的方法。完成
工作是次要目標，主要目標是找到方法讓所有家庭成員都
能感受到自己爲群體的福祉做出貢獻，並且感覺被需要、
被重視和被欣賞。家庭中沒有人可以只當個消費者，人人
都是生產者。

我們對於相互溝通、分擔責任、一起解決問題的過程
感到興趣。我們想要傳達的是，所有家庭成員都很重要，
每個人所做的工作都有其尊嚴。

議題與關注

家庭會議應該是所有成員可以獲得幫忙並能協助他人
的地方。如果任何兩位成員之間出現問題時，可以請求幫
助，或個別成員也可以針對自己的問題徵詢建議。爲了讓
孩子有機會成長並提出個人想法，父母應該自我克制，避
免太快給出明顯的答案。

6歲的凱蒂提出一個「她和喜歡的男孩玩耍時被其他孩
子取笑」的問題。9歲姐姐莎拉提供一個自己曾經使用
的有效解決方案來處理類似情況。姐姐告訴凱蒂要拒
絕生氣。若有其他孩子問她愛歐文還是安德魯時，她
只要回答：「是啊！」莎拉說：「當這些孩子看到她

並沒有因此而生氣時，他們很快就會對嘲弄他人這件事失去興趣。」凱蒂很高興姐姐關心自己的問題，而且驚訝地發現，即使是她能幹的姐姐也曾經遭遇過類似的困難。

父母向孩子徵詢建議或尋求幫助也很重要。如此一來，孩子可以看到他們的想法被認眞對待，以及自己的意見備受重視。這是培養良好公民意識的基本覺知。

試圖解決問題的最差時機是情緒高漲時。當人們身陷衝突當中，他們更關心的是贏過或傷害對方，而非解決問題。使用議程是減少日常爭吵的有效做法。定期召開會議的家庭可透過相互提醒將日常問題處理列入議程中。

將某個項目列入家庭會議後續討論的議程裡，可以實現幾個目標：
1. 事緩則圓。當無須立即解決問題時，家人會認眞看待問題。
2. 允許家人有時間平息自身情緒，且從憤怒狀態中緩和下來。
3. 讓家人有機會評估個人所持立場，或有可能決定新的方向。
4. 教導家人沒有必要立即解決每個問題。事實上，許多問題在會議中提出時，似乎就不那麼緊迫或重要。

隨著家庭變得更有經驗且更善於合作處理事情時，即

使遇到通常只能由父母處理的困難情況，也可以由整個家庭合作因應處理。

有個家庭在家庭會議時間發放零用錢，媽媽將每個月全部款項放入「零錢罐」裡。在會議結束時，每位孩子都會得到自己的一份。

有一天，鄰居舉辦一場車庫拍賣活動，7歲的肯尼帶著很多特價品回家。家裡幾個孩子都很喜歡肯尼買的東西，有一兩個孩子問他從哪裡來的錢，但沒有人強迫他回答。

媽媽在檢查零錢罐時發現答案，大約少了8美元。她當下反應是憤怒，但很快就意識到被偷走的錢實際上不是自己的。所以，這不是她要解決的問題。這個問題屬於整個家庭，尤其是其他孩子。在下次家庭會議發放零用錢的時候，媽媽說明罐子裡的錢不見了。很快地，大家就明白是誰拿走了錢。因為只有肯尼最近的錢變多了。一開始其他孩子很生氣，想要索回自己的錢，但是肯尼已經花光這筆錢。然後，孩子們轉而要求爸媽補償他們失去的金額。雖然爸媽都清楚這情況並不公平，但也只能提醒目前已達預算上限，直到下次發薪水之前不會再有更多的錢了。

所有孩子開始向肯尼提供可行的意見，想幫助他儘速補回這筆錢。大家建議肯尼可以賣掉一些玩具，或向

朋友和親戚借錢。孩子們很快開始提出能幫助肯尼的主意，或許大家可以舉辦一次車庫拍賣活動，把賺來的利潤放進零錢罐裡。這個事件變成一個家庭專案。

最終結果不如預期，因為車庫拍賣活動並沒有賺足他們所需要的金額，而其他想法也沒有順利執行。零錢罐裡金額減少的自然結果是每個孩子都必須按比例減少發放零用錢，直到下個月家庭有收入進帳後才可以補足這差額。

如果父母處罰肯尼並由自己補回這筆錢，那就會錯失教導孩子負責與合作的機會。肯尼需要學習的功課是，有些行為會傷害其他人。肯尼並不是「小偷」，他只是個欠缺考慮後果而草率地做出決定的可愛小男孩；他同時也是個決定不再這樣做的聰明孩子，因為他不喜歡自己的下場，也不喜歡看到別人因為他的行為而苦惱。

快樂結局

為營造正向氛圍，如同會議從讚揚活動開始，也應該在愉快經驗中結束。因此，許多家庭藉由討論下星期家庭活動和分享特別款待來結束會議。輪流選擇並提供款待這項工作可以是一項額外榮耀，得以向孩子呈現「承擔責任可以很有趣」。同時也確保每個人都有機會獲得他們喜歡的點心或款待。

第6章

會議如何進行

好，讓我為協議做個總結。強尼，你能記錄下來嗎？
我們都同意花一個小時整理庭院。爸爸已經答應這星期餵貓。

『 每個家庭都有自己的方法 』

會議領導力

民主社會既需要領導者也需要跟隨者。民主國家的兒童必須學會如何爲自己思考並做出明智決定。孩子經常被訓練成太容易追隨他人，而未被教導如何慎選追隨的對象和時機。如果沒有良好的領導力訓練，孩子只會向外尋求且毫無懷疑地聽從他人。因此，這些孩子對於同儕壓力、加入邪教甚至是受到虐待等情況較無抵抗力。

家庭會議需要一名領導者或主席。主席的職責包括：
1. 專注傾聽他人發言。
2. 不帶評判地理解每項建議。
3. 提供每個人發言的機會。
4. 聚焦於正在討論的議題上，直到產出解決方案。
5. 簡短摘要報告。

　　雖然父母希望能擔任最初幾次的會議主席，以示範有效能的領導榜樣，但是在孩子有機會主持會議之前不要超過兩次。主席應於每星期輪換，輪值表也要寫入家庭會議紀錄。

會議記錄者

　　6歲或更年長的孩子很快就能學會簡單記錄日期、出席者姓名、討論的主題，還有可達成的解決方案或決定（參閱附錄中的示例表格）。即使成員因年幼而無法書寫，可以使用錄音機摘要記錄歷程內容來完成這項工作。

　　家庭可能會發現平常被當作「抗拒者」的孩子，在擔任會議主席時變得最合作。這個不喜歡被命令的孩子會很珍惜有這個機會，讓其他人知道自己很清楚如何擔任一名領導者。

　　輪流擔任會議主席和記錄者會帶來意想不到的好處。

彼得是一位13歲的寄養兒童，曾經歷學習方面的困難。他的閱讀和寫作技巧有待加強，使得他會盡可能嘗試隱藏這些不足。有個方法可以達成這個想法（避免暴露自身弱項），就是透過拒絕主持家庭會議也不擔任記錄者。

某次會議時，有人詢問是否可以對會議進行錄音，大家都同意。當孩子們播放錄音帶時，彼得發現自己在會議中經常發言。他喜歡聽見自己說話，當輪到他主持會議時，就同意嘗試看看。他樂於擔任主席並且做得很好。由於主席和記錄者的工作是每星期輪換，接下來該由彼得擔任記錄者。他對自己的領導經驗感覺不錯，但是對寫作卻沒有相同的信心。其他孩子告訴彼得下次輪到他擔任會議記錄者，如果他有需要協助的話，大家都很樂意幫忙。

然而，彼得沒有出席接下來的會議，他和朋友上街去了。會議裡，其中一位孩子主動幫忙誦讀彼得的會議紀錄，不過很快就發現這根本是不可能的任務。會議因此而停擺，直到有人找到彼得並告知需要他回來協助閱讀會議紀錄。彼得非常高興，但當他把資訊拼湊在一起時，發現要看懂自己寫的內容也是很不容易。其他成員提供一些協助。當有人詢問彼得關於紀錄裡的第一行是⋯⋯，他說：「喔！那句話很簡單，上面寫著M.R.M.，意思就是馬修主持會議。」

彼得的發展與其他孩子不同。然而，沒有人因此免除彼得的責任，也沒有人說他的貢獻是不被需要的，彼得因而意識到當自己盡全力時，也足以勝任這份工作。

會議準則

為了從家庭會議中獲得最佳效益，有些準則建議如下：

1. **選擇每星期特定的時間和日期安排會議**。為彰顯家庭會議的重要性，未經所有成員同意，不得更改時間。如此一來，會議就成為家庭例行日常不可或缺的部分。

   有些需要一再變動行程的忙碌家庭發現很難在每星期同一天召開會議。解決此兩難困境的方法之一是，在議程中增加「選擇下次會議日期」做為常設項目。

   提示：父母在此「重要會議」時間，藉由不接聽電話或不允許自己被打擾的做法，以顯示家庭對他們的重要性。

2. **每個人須被鼓勵而非被要求出席**。所有家人都被期待出席會議，因為他們都是家庭中的重要成員。沒有人是被強迫參加，因為強制只會引來反對和抗爭。不可強迫任何人離開會議，因為那是對他或她的不尊重。然而，假如有人擾亂會議進行，其他人

可能會離開，以示拒絕不被尊重。

3. **無論出席與否，會議上做出的決定適用於所有人。**
透過這個方式，每個人很快就會意識到，符合自身
最佳利益的方法就是表達己見。

4. **會議中所有決定直至下次例行會議修正前仍有效
力。**這項規定教導一個重要原則：當我們與他人達
成協議時，就是對他人的一種承諾形式。如果我們
不喜歡那個協議，不能任意拒絕遵守或自行更改。
我們仍有義務履行彼此的承諾，直到雙方都同意改
變原來的協議。

5. **會議時間長短取決於孩子的年齡。**對於年幼孩子而
言，20至30分鐘可能是極限。隨著孩子年齡增長與
日常行程異動，家庭可以共同決定最適合的方式。

6. **決定須由共識而產生。**經由運用共識決而非採取投
票制，家庭得以發展群體意識並教導合作。當決定
是由多數決產生時，可能因此而產生派系，且競爭
會導致家人分裂。對遵守某項自己不同意的規定而
感到壓力的人，可能會認定其他人不公平，並為個
人不遵守規定找藉口。當家庭成員處在父母vs.孩子
或男人vs.女人的兩極對立狀態時，就會衍生更多問
題。簡單舉例足以說明：

凱倫認為有個妹妹或弟弟可能會蠻好的,所以在家庭會議上提出這個想法。爸爸和弟弟投了贊成票,媽媽卻投反對票。儘管多數人喜歡這個想法,但重要的是要尊重否決方的決定性想法。

共識鼓勵合作和積極參與。共識展現出無論問題有多麼困難,只要我們能堅持以對,就能想出所有人都能接受的解決方案。這並非意味著人們總能得到心目中第一選項,他們可能會得到第二選項,或至少是可被接受的替代選項。如果不能達成協議,那就把做決定擱置一旁,直到大家想出一個互相滿足的解決方案。

7. **家庭會議基本規則之決定須經由群體同意。**有兩個簡單規則被證明是有用且有效的,可以做為家庭會議相關活動的指導方針。首先,所有人都同意這是尊重自己和彼此的聚會;第二,所有人都同意相互幫助。

由於家庭成員可能對於尊重或助人的定義有不同的看法;因此,發展出「家庭定義」很重要。舉例來說,尊重可能意味著:對事不對人、一次一人發言、不貶低別人等等。

以這兩項規則做為合宜行為的標準,將有助於處理一些常見的錯誤。

若是提出的建議聽起來有諷刺、冷漠或侮辱等意味，主席可以提問，「你認為這個建議有幫助嗎？」或「你覺得這個建議尊重黛安嗎？」

主席可藉由提及被評論者的回應當中消除個人評價。可以提問：「黛安，妳認為這個建議對妳有幫助嗎？」或「黛安，那個解決方案有讓妳感覺被尊重嗎？」如果直接詢問黛安，她就有機會說出自己如何看待這個建議。接收者的感知比起觀察者的感知，更重要也更有份量。

8. **父母須確保別說太多。** 父母有時候會急著提出解決方案和／或簡單回答。請控制住，要讓其他人有機會說明和分享他們個人的想法。

9. **父母須避免急於保護某個孩子或擔心造成衝突而出面制止分歧。** 儘管保護可能是個好主意，但接受保護者可能會解讀這個反應是對自己解決問題的能力缺乏信心，甚至可能會覺得被那些嘗試保護他的人侮辱。

10. **不追求會議有完美的結果。** 會議目的是為了改善家庭生活、與彼此溝通、讚揚並珍視每個人的獨特性、樹立價值觀、合作、分擔責任、教導助人的重要性、建立自尊、與每位成員連結，以及看見我們多麼幸運能擁有彼此。

第7章

問題解決

我已經厭倦每天早上因起床問題而爭吵。
我們可以談談用其他方式展開新的一天嗎?

『 會議就是無論大小問題都被認真對待的地方 』

對我們的孩子而言,現今社會充滿危險。報紙上充斥著孩子面對虐待、毒品、酒精、性活動和暴力等相關報導。父母必須教導孩子如何做出明智決定並為自己設想。如果沒有這些知識,孩子很容易受到同儕壓力,加入邪教和幫派,以及被不道德的成人所利用。

孩子還必須學習為自己的行為負責。他們不該透過責怪別人來為自己的行為卸責:「這都是她的主意!」、「是他讓我這樣做!」、「他們告訴我應該這樣做!」、「我只是聽從命令!」;或依賴他人為其設想或保護其免受危險:「你應該先告訴我。」、「我以為他會開車。」、「我以為喬安妮會請她媽媽來接我們。」

邏輯結果與處罰

　　基於我們無法在生活中隨時保護孩子，所以要設法教導他們有效處理問題。父母必須讓孩子有機會承擔自己的行為結果，並且能從錯誤中學習。囉唆和警告只會讓孩子反感，而讓他們誤以為唯一需要避開的危險就是單獨與「過於謹慎」的成人同處一室。

　　處罰也會適得其反。當我們專斷實施不相關的處罰時，所冒的風險是干擾孩子的學習過程。孩子可能會被父母的反應激怒、傷害或分心，以致於錯過真正該學習的重點，就是明白他們的不當行為是不恰當、危險或無效的。相反的，孩子可能會誤以為他們不應該表現出不當行為，以免惹成人生氣；甚或可能會誤以為自己的不當行為是可以的，只要不被成人發現就好。

　　回想一下你曾經惹過的麻煩裡，你還記得什麼？多數人記得的是處罰或父母的非理性反應，而非確切知道自己做錯什麼。孩子應該學習的功課是強調他們的行為與結果之間的關聯。

　　為此，我們來分辨處罰和邏輯結果兩者。處罰是一種專斷結果，藉由不愉快或痛苦（身體或心理）進行教導；其建基的假設是，孩子為自身行為結果受苦才是最好的教訓。另一方面，邏輯結果建基的假設是，讓孩子體驗自身行為結果才是最好的學習。

這並非意味著應該任由孩子跌撞陷入危險境況。我們必須始終保持安全第一；但只要有可能，父母須退後一步或安排情境，如此可讓孩子體驗現實。尊重式引導容許孩子安全體驗因自身行為而引發的自然和邏輯結果，無關乎正向或是負向。

有一天陶德正在後院打球，突然間一個暴投就把窗戶打破了。陶德雖無意打破玻璃，但他在離房子這麼近的地方玩球是不負責任的。爸爸有兩個選項，一是對陶德的粗心大意生氣，二是解決問題。

吼叫或其他形式的處罰幾乎沒什麼正向效用。陶德可能會覺得被誤解和不公平對待。爸爸決定來個機會教育。

爸爸做的第一件事是告訴陶德如何安全清除和處理碎玻璃。接著就是幫助陶德覆蓋破窗。最後，由於窗戶破損是全家人的問題，所以就被提列為下次家庭會議的議程項目。

雖然陶德不是故意打破玻璃，但修復損壞的後果仍須被提出。陶德沒有因為個人作為而受到責備，但也不能免除承擔自身行為結果。家人討論可能的替代方案；並同意陶德可以自行決定他是願意花錢請人修理窗戶，還是自己學習修理而此只須支付材料費用。陶德還可以選擇使用他的零用錢和積蓄來購買玻璃，或做額外的房屋或庭院工作來扣抵支出費用。

陶德選擇學習更多關於房屋維修的知識。另外，他正在存錢想買個新的棒球手套。於是爸爸和陶德約時間一起維修窗戶。陶德學會如何測量玻璃窗格以替換破窗。他們一起去商店採購材料。爸爸教導陶德如何去除舊的填充劑並且說明後續工作步驟，然後父子一起完成這項工作。

尊重式引導容許孩子安全體驗因自身行為而引發的自然和邏輯結果，無關乎正向還是負向。憤怒只會使我們分散注意力而無法有效解決問題；唯有在「感覺被打敗卻想贏得勝利」的戰鬥中，才有必要這樣做！

管教之目的在於學會自律，引導朝向自我控制，協助孩子明白什麼該做以及什麼不該做，並為自己選擇之後的所有結果承擔責任。

邏輯結果必須通過「三R」檢驗。邏輯結果應該是：
1. **與不當行為有邏輯上相關（Related）**。不以失去看電視特權來應對錯過晚餐，而是要讓你選擇挨餓或自己煮飯並收拾善後。不以禁足來應對打破窗戶，而是要讓你選擇自己修理窗戶或從零用錢支付維修費用。
2. **尊重（Respectful）**。須避免任何羞辱，並且既堅定（以表示對自己的尊重）又友善（以表示對孩子的尊重）。
3. **合理（Reasonable）**。須讓孩子如成人一般都能邏

輯性理解。過於嚴厲或憤怒的結果總是會被視為一種處罰。

邏輯結果與處罰之間的主要區別是：

	處罰	邏輯結果
教導	專斷權力 外部控制	合作 自律
成人的情緒	憤怒	友善的 關心的
成人的行為	傷害的 專斷的 經常衝動的	尋求協商 與行為有關 深思熟慮的 謹慎小心的
成人的焦點	過去（發生什麼事） 什麼「不能」做	未來（需要做什麼） 什麼「可以」做
孩子感受的	被輕視 自卑的	有能力 尊重的
孩子記得的	不公平 被羞辱	個人貢獻 行為與結果的連結
目的	控制他人	自我控制

「萬一行不通」預防措施

「萬一行不通」預防措施是以事先協議且經過同意的邏輯結果做為規範，說明其中有人不履行約定時，他方可以做的事。這個概念容許結果的發展並且適用於所有相關人，即使孩子與父母發生激烈衝突時，這項技術讓親子雙

方都能控制情勢。當孩子開始意識到，對於發生在自己身上的事能自我控制以及擁有某些權力時，相對透過壓制或抵抗他人以展現控制的需求將會減少。當有個尊重各方的問題解決過程時，即使是困難情況也能處理。

大衛和赫柏參加一個父母學習團體，原因是他們對兒子瑞克感到非常沮喪。雖然瑞克已經6歲，但他每天仍會隨地便溺好幾次。其實瑞克會自己去上廁所，在學校也沒有出過什麼意外，但是和家人在一起的時候，他老是便溺在褲子裡。為了改變瑞克的行為，赫柏和大衛嘗試從獎賞到處罰的各種方法，不過仍然感到無計可施，因為一切都無法奏效。當他們在教養課程中學到有關「萬一行不通」預防措施時，他們決定放手試試看。

大衛利用家庭會議討論即將出發的獨木舟旅行，試著展現他所學到的新知。他知道在一個大家不生氣且都想一起解決共同問題的中立時機討論「萬一行不通」預防措施是重要的。

大衛：瑞克，我真的很期待我們的獨木舟旅行，但我有個問題想討論。當我提醒你去洗手間時，你會生氣。我猜這會讓你感覺不被尊重，對嗎？（瑞克點頭同意）只是當我不得不忍受你的大便氣味時，我同樣感覺不被尊重和生氣。我想要知道我們是否能想出其他方法來處理這個問

題。你有什麼想法呢？

瑞克：就捏住你的鼻子！

大衛：嗯！我的確可以這樣做，不過這會讓我很難划獨木舟。總之，我不覺得這是個好主意。你還有什麼其他建議呢？（瑞克聳聳肩）

大衛：如果你願意承擔責任並且保證不再任意便溺的話，我很願意閉嘴，讓你自己處理大小便問題。如果你需要去洗手間，你讓我知道，我可以把船划到岸邊。

瑞克：好的，我沒問題。

如果每個人都同意某項安排，就可以結束話題，繼續討論其他項目。如果無法達成共識，就再討論各種可能選項，直到每個人都滿意為止。

大衛：我們有個約定，由你決定什麼時候去洗手間，我不再提醒你。但是如果我們其中一人忘記時，怎麼辦？

瑞克：沒問題，爸爸，我不會忘記的。

大衛：嗯！可能不會，但你和我偶爾會忘記，我們之中可能有人會出錯。如果我開始嘮叨你的時候，想想看你能做什麼？

瑞克：什麼意思？

大衛：嗯！也許你能想出一些有趣的方法來幫助我記住。

瑞克：我知道了，那我就把獨木舟弄翻！

大衛認為這是一個非常有創意的解決方案，而且不在意這個午後被翻船落水的想法。沒有人會同意任何感覺被處罰、危險或不被尊重的提議（對某人來說是有趣的事，但另一人可能會覺得像是處罰）。

大衛：好的。現在我們已經為你設定「萬一行不通」預防措施，我會非常小心不要出錯。但是如果你忘記呢？如果你身上散發出臭味而且困擾我的時候，我該怎麼辦？你同意我直接划到河岸邊，等候你自行收拾善後嗎？

瑞克：好的。但是記住不要出聲！

瑞克一心想要逮住爸爸的「提醒」，於是他特別小心不發生便溺的意外。那天父子倆都格外留意。由於雙方都感覺受到尊重，並且都喜歡這個有趣挑戰，所以他們玩得很開心。在接下來的家庭會議裡，大衛和瑞克討論他們的旅行和預防措施。

雙方都同意這是個好主意。瑞克為自己的控制能力感到自豪，他和父親都很高興能在沒有嘮叨或爭吵的情況下度過愉快的一天。他們決定未來要繼續採用「萬一行不通」預防措施。

每當預防措施被使用過後，雙方相關人需要再約時間評估這個選擇的有效性，然後再一起決定是否要繼續使用這項預防措施。

常見錯誤

當孩子對父母實施經由家庭群體所選擇的結果時，父母若因此而惱羞成怒，那麼這個結果的有效性一定會被破壞無遺。家庭群體須同意這個結果是為每個人所設定的。如果父母認為自己應該對這項規則有豁免權，那麼孩子很可能會專斷地認為，會議只是多一個管道讓當權者對弱勢方施行控制，並非解決問題的地方。

> 貝爾家決定使用一種不平常的「萬一行不通」預防措施來幫助每個人記得做家務。所有人都同意如果忘記做家務時願意接受提醒。唯一問題就是他們會在不方便的時候被提醒，然後不得不停下他們正在做的事並且立即完成家務。在幾次被中斷電視節目和睡著後被叫醒的經驗，都讓孩子變得很有責任感。

> 一切都很順利進行，直到爸爸忘記完成他負責的家務。這是期待已久的一天，孩子興奮地設定鬧鐘，在爸爸睡著後一小時，他們以極大的熱情喚醒爸爸，提醒他忘記完成的家務。爸爸沒有被逗樂，他拒絕履行全家在會議上同意的預防措施。他的拒絕摧毀一個完美解決方案。孩子很快又遺忘他們的家務，同時不再相信會議上的協議。

當要執行先前大家都同意的結果時，孩子會藉由聲稱「這不公平！這是處罰！」而盡可能不履行約定的結果。

如果這個結果是合理且有相關，父母可以這樣回應，「我不認為這是處罰，而是一種拒絕允許你因為自己沒做好家務而對家人處罰的方式。我不希望你不被尊重，同樣也不希望你不尊重其他人。我們在上次會議時都同意這點，如果你想改變這個協議，我們可以在下次會議時進行討論。」

衝突化解

充滿鼓勵和合作氛圍的家庭會議提供一個有助於解決問題的安全場所。運用下列指導方針可提供衝突化解的有用架構：

1. **同意相互尊重。**這意味著每個人都有權利表達自己的觀點，而且無須擔心受到攻擊或貶低。
2. **正向定義問題。**確保每個人都同意問題是被公平陳述的。
3. **確立共同目標。**例如：「我們都希望能一起度過美好時光。」、「我們都希望不會感覺自己吃虧。」、「我們都希望有足夠時間獨處。」
4. **同意只針對問題。**翻舊帳、分享負向期望和改變話題等，都很容易讓人注意力不集中；主席有責任提醒所有人聚焦於當下問題。
5. **真誠表明立場與感受並仔細傾聽他人表達。**以回饋進行澄清，例如：使用「從你的觀點看來，似乎是……；從我的觀點看來，則是……。」、「聽起來，你似乎感覺到……」。

6. **腦力激盪可能的解決方案。** 在人我意見相左時，要避免落入爭輸贏的氛圍，提出至少三項替代方案。當選項侷限於兩個，就會出現二元對立：對與錯、好與壞、聰明與愚蠢。當有第三個選項時，其他選擇更顯清晰。待腦力激盪過後，任何看起來像是處罰的解決方案都應該被移除。

7. **一起評估替代方案。** 決定你會嘗試的事。確認已訂定出預防措施，用以處理當有人不遵守協議或破壞約定時可能會發生的事（不是處罰，而是所有人都同意這項對彼此都尊重的作為）。

8. **設定一個評估日期。** 看看有無進展或是需要做出的改變。下次家庭會議通常是個好時機。

假如群體在任何步驟中卡住，最好不要強行解決。讓人滿意的協議需要時間推進發展。可以運用暫時措施，直到下次會議時再繼續化解衝突。有時短暫休息能緩和氣氛，讓大家有機會重新評估自己的意見。

教導孩子如何解決問題比起解決所有問題更為重要。當父母掉進自己須解決所有問題的陷阱，而想利用會議說服孩子接受成人的解決方案，那麼會議很容易被誤用或破壞。父母和孩子須有能力合作朝向解決短期問題，並且不能忽視真正重要的長期目標，也就是建立可促進彼此理解與團結的家庭氣氛。

第8章

陷阱預防

『 一個安全且結構化的體驗勝過千次的訓斥 』

　　很多孩子沒機會體驗最基本的自然結果。如果孩子忘記帶午餐，媽媽會送到學校。如果孩子忘記寫家庭作業，老師會叮嚀或多給一天時間記得補交。如果孩子不小心打破東西，有些大人說：「別擔心。」當青少年喝酒被警察抓到時，通常只是被警告而已。我們給予太多第二次機會，所以孩子從未明白我們說的話裡真正要表達的意思。

　　可悲的是，有些孩子直到成年仍然期待他人能免除其責任並且提供再次機會。當他們面對最後機會時感到相當

震驚。我們必須將自然的、社會的和合乎邏輯的結果回頭置入自身家庭和學校訓練中。如此,孩子才不會被剝奪機會體驗自己選擇的行為結果。

展現尊重

當父母主持家庭會議時,可保持友善而堅定的態度以示範尊重的行為。如此,孩子將學習如何:

1. **傾聽他人。**當有人打斷他人發言時,父母不妨這樣說:「桑迪,對不起,我對你想要說的話很感興趣,但我認為麥克還沒說完。如果他都說完,你就是下一位。」這樣就會既尊重同時也拒絕讓其他人不受尊重。

2. **無須爭辯的不同意。**如果有人在腦力激盪過程中老是唱反調,父母可透過提醒討論目標,以協助重新引導反對意見者。例如:「我看到大家對這個問題的處理都有不同的想法。有多少人是想要解決問題而非爭執誰的主意最好呢?能有好幾個解決方案是好事,我們何不列出所有想到的點子,然後看看能否有個大家都同意的辦法。」

家庭會議不是為了爭辯。家庭糾紛每天都有,家庭會議目的就是要改變這個樣態。當人們試圖指出彼此做錯事時,經常會引發爭端。看見別人出錯很容易。我們很少思

考的是自己能做出不同。當大家開始互相指責時，主席可以制止爭吵，並徵詢所有人願意如何做以改善此刻狀況。

3. **尊重所有人也包括自己。** 當有人似乎在找碴或只是享受反對的權利時，父母可以堅定而友善地揭示正在發生的事情。

父母：「傑佛瑞，看起來你只同意一項有趣的活動，而這會遠超出我們這星期的總預算。我們都想一起玩得開心，所以不想選擇一個違背你意願的活動，這顯得對你不尊重。」

傑佛瑞：「太好了，那麼同意我的選擇。」

父母：「喔！我面臨一個兩難局面。看起來，如果我堅持己見就必須與你對抗，這對你而言似乎不尊重；要不就是同意你的想法，但這會超出我們的預算負擔，對我們來說也是感覺不受尊重。我不知如何是好，你能幫忙找到一個不會讓任何人感到不被尊重的解決方案嗎？」

一致性

父母最常犯的錯誤之一就是便宜行事（因為當下的不方便就忽略結果）。事實上，在不方便的時候，一致性更顯得重要。沒有一致性，就會產生「測試者」，他們不斷挑戰底線，看看這次是否能躲過「結果」。

茉莉和吉姆經常在全家外出用餐時不守規矩，因而使得父母會大聲吼叫並且威脅要帶他們回家，但那樣會很不方便而且都已經點好餐了，所以父母從來沒有說到做到。

這家人被邀請參加一個豪華的婚禮，爸爸開始擔心孩子的不懂禮貌會讓其他人感到尷尬。當他靜下來思考該如何改變孩子的不當行為時，爸爸意識到或許首先需要改變的是自己的言行。

在接下來的家庭會議裡，父母提出自己的擔憂，並告訴茉莉和吉姆，爸媽那些說說而已的威脅，是對他們的不尊重。媽媽說她相信孩子都能表現得體，但日後如果出現不當行為，全家人必須立刻離開餐廳。孩子都承諾會遵守規矩。

全家再次外出用餐時，孩子沒過多久就開始故態復萌；在第一道菜結束後，舊有的行為模式再次開啟。爸爸說：「我想，我們應該離開了。」茉莉說：「爸爸，這樣不公平，你沒有給我們任何警告！我們不知道你的意思是真的不准吵鬧。」爸媽理解到，其實孩子認定父母不會言出必行。然而，這次一家人真的依約定離開餐廳。

捫心自問：「有多少回我只是說出口卻做不到呢？」你的孩子最清楚。

聚焦分享

雖然有些家庭擔心出席者不夠踴躍，但對某些家庭而言，煩惱的卻是過於熱情或控制欲強的成員，他們往往會壟斷發言權。當一個人滔滔不絕時，其他參與者可能會感到氣餒或無聊。將這種擔憂提列為議程項目，可以提高大家的意識，並且產生一些不錯的解決方案。有個家庭使用計時器來規範所有成員的發言時間。每個人說話之前，鬧鐘先設定好五分鐘，當蜂鳴器（鈴聲）響了，就輪到下一位成員發言。

納入抗拒者

當有人自始至終拒絕同意任何解決方案，或者只是堅持自己的意見時，可將此「路障」問題列入會議議程項目進行討論。透過這種方式，可使「抗拒者」參與會議以找出解決方案。

不常參與決策過程的孩子也許是不相信自己的意見和願望會被認真對待，因而會以拒絕參加來求證這個想法是否屬實。當孩子發現自己的觀點確實受到尊重時，他們的負向態度就會改變。

有個寄養家庭，爸爸超愛打保齡球，任何人提議將打保齡球做為家庭娛樂活動時，爸爸肯定投他一票。當比利來到這個家庭，養父母告訴他，在這個家裡人人

平等，這當然也包括他。比利半信半疑。在第一次家庭會議時，他決定說不想打保齡球來測試看看。對比利而言，這是個無比沈重的壓力，他可能會為了不想引起風波而向新家庭屈服；然而，這個家庭遵循著已經建立的共識規則。

看到這個小男孩勇敢地為自己發聲，真是太棒了。在這星期內看到其他孩子試圖說服他，也很有趣。他們嘗試用各種行銷方式告訴比利，打保齡球有多好玩，還有保齡球館的點心有多棒；他們還向比利保證實際體驗過後，除非他喜歡，否則不會要求他再次嘗試。比利意識到如果沒有他這一票，全家人這星期將不會外出打保齡球，即使自己是家裡最小也是最新進的成員，也不會有人強迫他改變主意，在這個家庭中他是平等而有價值的一員。

避免抱怨會談

家庭會議是為了解決問題，而非用來抱怨和指責。防止大家把會議變成抱怨會談的方法之一是，要求每個人針對自己在會議中所提及的每個問題，至少提出一種可能的解決方案。藉此將議程項目命名為「問題與解決方案」，可強化正向聚焦的重要性。

不要讓過去的失敗成為不願嘗試新事物的藉口。試著對那些翻舊帳的人說：「我知道你認為強尼沒有表現出

應有的行為，但你認為該如何做才可以改善這個情況呢？我知道相同的老問題似乎一再發生，如果我們換個方式回應，你認為結果會如何呢？如果看到老問題又即將發生，這次我們能做些什麼不一樣來避免陷入麻煩呢？」

從不當抉擇中獲得良好判斷

當孩子不聽從教導和忠告時，父母可能會忍不住介入並警告孩子的想法行不通，或說：「我早就告訴過你了！」。如果父母提供所有的答案，孩子就不會費心思考及找尋他們自己的解決方案。這將形成一種不平衡且不尊重的關係；在此關係中，孩子擁有所有的問題，而父母則會有全部的答案。

為了幫助孩子發展自身的創造力和良好判斷力，父母應偶爾退後一步，讓孩子嘗試不同的處理方法（即使父母「知道」這個方法行不通）。每星期回顧會議紀錄時，家人可為先前選擇的解決方案所得結果做個探討，聊聊事情進展情況，並決定下次可能會或可能不會做些什麼。

採取這種方式的家庭會發現自己和家人常被「行不通的好主意」逗樂，而不是互相指責並為自己的錯誤感到沮喪。

喬丹家沒有人願意接下洗碗的工作。孩子不明白為什麼天天都要洗碗。大家決定以後各自負責個人使用的

碗盤。才到星期三，就已經找不到乾淨的玻璃杯或餐盤。一開始，大家都互相指責對方沒有盡到自己的責任。然而，到下次家庭會議之前，廚房已經雜亂到讓人哭笑不得的程度，每個人都同意需要另外的解決方案。

父母陷阱

所有的新技能都需要訓練，而一開始都會有些困難。即使父母有最好的意圖，也經常陷入錯誤的舊有模式（譯者註：父母陷阱／這是促使父母落入教養困境的陷阱）。父母最常出現的錯誤是：

- 太多說教
- 太多說服
- 以父母的關注（或擔憂）壟斷議程
- 利用會議施行控制（假會議之名，行控制之實）
- 不認眞對待會議。例如：在預定會議時間裡接聽電話或另外有約
- 不遵守群體決議的結果或決定
- 運用父母特權讓自己免除已協定的「萬一做不到」預防措施或結果
- 未取得群體共識就改變協定
- 嘗試成爲當權者
- 只在問題出現時才召開會議
- 當事情進展不順利時就放棄

第9章

主題多樣性
（你的家庭屬於何種類型？）

媽媽，你看，牠們正在開家庭會議

『 不同家庭有不同類型的會議 』

獨生子女家庭

　　獨生子女生活在一個巨人世界裡，每個人都比自己做得更快又更好。如果這些孩子沒有機會做出貢獻，他們可能會：（1）享受這個角色及其特權，並試著讓成人服侍自己；（2）因為與成人比較而氣餒，認定自己既無能力也不重要；或（3）嘗試趕上成人，成為一個形同40歲的7歲早熟孩子！獨生子女可能沒學習到如何協商或分享（對家庭

中有其他手足的孩子而言，施與受的技巧將成為他們的第二天性）。

家庭會議的介紹對於上述所有情況都有正向影響，可以讓孩子感覺自己是家庭群體中不可或缺的一份子，在會議裡參與、分享、協商和解決問題。這讓父母有機會了解孩子的感知是如何發展的，以及決定哪些額外資訊或訓練可能是孩子需要的。

在獨生子女眼裡，父母顯然站在同一陣線，他們做出所有決定並且下達指令。孩子會覺得自己的意見和貢獻是微不足道或多餘的。這樣的孩子特別需要有個機會來感覺平等與重要。家庭會議借助於腦力激盪、達成共識、輪流擔任主席和記錄者，以及讚賞等，以減少獨生子女誤解父母是同一陣線之情況發生與／或持續的可能性。

請記住，獨生子女和其他所有人一樣，想要感覺與他人連結、有能力且重要的。在不只一個孩子的家庭裡，可能有很多機會於平等中找到一席之地。獨生子女的父母務必盡其所能地安排可培養孩子感知有連結、有能力和被需要的情境。

單親家庭

在父母其中一方離世後，或在分居或離婚過程中，孩子對未來更容易產生不安全感。召開家庭會議可以為所有

成員提供機會表達自己的擔憂、相互支持、共同參與解決問題、聽取計畫，以及開始體驗自身是有能力處理生活中困難的人。

單親父母經常發現自己處於特別緊繃的處境，他們試圖自行解決家庭所有問題。父母為孩子的失落而感到難過，對於離婚和社會期望心生愧疚；或因需要證明自己可以獨立解決而感覺壓力，這些都可能會讓父母忽視孩子是珍貴資源的這個事實。這種疏忽不僅剝奪父母獲得必要的協助，也剝奪孩子感覺自己是有能力且能貢獻之家庭成員的機會。

有些家庭的單親父母可能過於依賴一個或多個孩子，藉以處理缺席父母的責任。很多時候，為了取悅父母或覺得自己很重要，年齡最大的孩子會很樂意承擔超出自己應該做的事情。而這可能會讓其他孩子遠離被需要、被包容及負責任等感覺。家庭會議鼓勵所有家庭成員的參與，並指出誰做得太多，誰又做得太少，以及還有什麼事需要做。

單親又是獨生子女的家庭可能會認為家庭會議對他們來說沒有必要。畢竟彼此已經有大量不被干擾的時間在一起，正式會議讓人感覺不太自然。然而，任何觀察過真實生活情況的人都知道，他們實際投入在「討論誰做什麼、何時做與為何做」的時間極少。單親父母面對獨生子女時，親子雙方很可能會忘記相互檢核的重要性。他們有可能自以為知道對方的想法和感受。如果有人對某種情況不

高興時，可能不願意提出來公開討論，就只因爲對方沒有發出抱怨。

家庭會議是專門解決共同生活時的問題和顧慮所預留的特殊時間。它要求所有家庭成員從忙碌行程中抽出時間坐下來，面對面商量他們日常生活裡的議題，欣賞彼此的優勢和貢獻，一起爲下星期訂定計畫，互相告知個人行程，也決定好每個人需要分擔的家務。

繼親家庭

繼親家庭有各種形式。有些是一群孩子與變動的父母；有些是兩群孩子因父母再婚而須組成新群體；有些只在週末、節慶或夏天時相聚；有些是一群孩子住在家裡，另一群孩子會來探望；還有些是父母雙方各自的孩子分屬不同年齡層；有些則是家庭裡有他的孩子、我的孩子和我們的孩子這種狀況。繼親家庭或組合家庭的類型太多樣化了，我們無法全部一一列舉。他們的共同點是，爲了適應一個或多個新成員，原先已經建立的關係必須改變。

形成新家庭可能會讓所有人感到困惑和痛苦，其箇中原因包括：失去專屬的關係；對家庭儀式和做事方式的分歧意見；擔心對缺席父母的忠誠度；原生家庭解散後的殘餘憤怒；失去原先所擁有的（收入、朋友、玩具、空間、學校、大家庭等）；改變的教養型態；對新家庭的新角色迷失方向（年紀最大孩子變成排行第二，年紀最小孩子變

成排行中間，小王子或小公主變成孩子中的一個，「明星運動員」變成初中校隊成員）。家庭會議可以充當觸發並促進這個艱難轉化歷程中極其重要的工具。

藉由定期召開會議，父母可以體現對於新家庭制度建立的重視程度。建立關係需要努力、承諾和時間。家庭會議為所有家庭成員提供一個相互尊重的場所，人人可以表達自身關切（或擔憂或疑慮）之處、聽取其他觀點，以及體驗到自己對整個家庭群體的重要和價值。透過家務分工、房間安排、自由活動時間和「做事方式」等等討論，家庭成員更能相互了解，可能會發現彼此共同點，以及形成新的聯盟。若無家庭會議，失望和分歧可能會轉向檯面下並且惡化，抑或必須在父母和手足相互對抗的情況下被迫選邊站。對繼親家庭而言，就如同所有家庭一樣，家庭會議是預防與療癒的好方法。

寄養家庭

當寄養孩子來到新家庭生活時，可以理解他們會對這整個家庭的規則和儀式感到無法連結、迷失方向與不確定性。這些孩子在各層面不受尊重的情形經常出現。有些孩子經歷過被忽視或被虐待，以及許多孩子從這個家轉換至另一個家，卻從來沒有感覺自己真正屬於他們。這些孩子可能會認為自己不被需要、不重要且無權利。當這些孩子進入每星期召開家庭會議的家裡生活時，他們立即面臨全新體驗。最多不超過六天，他們就會看到家人徵詢以及重

視他的意見。隨著時間推移，孩子開始發現此處是可以表達自身擔憂且信任彼此的安全地方。

寄養家庭經歷的一些問題包括：寄養子女和親生子女發生爭吵、被認為偏袒不公，以及自家人和家外人的對立姿態。寄養子女可能會害怕表達自己的想望和需求，因為他們預期會被忽視、嘲笑，甚至因期望過高而受到處罰。他們可能會害怕或無法開放地與人溝通。

寄養家庭需要方法與來自其他家庭的孩子建立並維持良好關係。他們需要一個平等相待的模式，如此就可以避免偏袒或修正不公。

大家庭

若有祖父母、朋友或親戚住在家裡，或有同住的居家保母時，家庭可能會想知道是否要讓他們參加會議。對於解決兩個人或更多人同住時所衍生的諸多日常問題，我們發現家庭會議是很有價值的。這是沒有威脅只有討論、計畫和分配責任的時刻，顯而易見的是所有家庭成員都必須貢獻與合作，沒有人太老、太微不足道或太有特權而無法參與。

在預定召開會議當天，邀請住在家裡的所有人一起出席參加，包括邀請過夜的客人（孩子或成人）參加，因為這是向其他人介紹家庭會議概念的一種方式。許多曾被邀

請參加家庭會議的人們都發現，這是一次非常有意義的經驗。我們定期收到親戚和朋友的來信，分享他們多麼喜歡參加我們的家庭會議。我們的孩子和保母有時候也會提出請求，想要邀請某位朋友參加我們的家庭會議，只是為了有機會體驗這個溫馨且令人興奮的群體，一起工作或幫助朋友解決個人議題。

有非常年幼孩子、沒有孩子或有成年孩子的家庭

家庭會議不僅僅是為了孩子。對於兩個或兩個以上一起緊密生活或工作的人而言，定期召開會議是重要的。在任何親密關係裡，難免偶爾出現差異和誤解。很多時候，當其中一方因太害羞或太尷尬而無法提出自己的擔憂時，問題可能就會潛伏在表象下而導致不滿和沮喪。有個雙方協定的時間來陳述所有關切事項，可以鼓勵公開討論和溝通，並且釐清每個人在關係中的責任。

家庭會議是為所有人而召開。它提供一個能充分討論所有事項的場合，問題可以被討論和解決，無需受苦、生氣或害怕被報復；這是一個所有成員都有發言權、被需要並為結果分擔責任的地方。

第三部分
鼓勵

第10章

建立自尊

學習法語和拉丁語的學生都知道cor或coeur的意思是「心」。鼓勵某人意味著將「心」放入對方身上。勇氣是所有人用來迎接生活挑戰所需要的素質。就算還有可能失敗，勇氣會幫助孩子振作起來並且再次嘗試。是勇氣激勵孩子嘗試新事物、進入新的情境以及做出承諾。是勇氣幫助孩子繼續前進，完成需要做的事，即使這個需要並非群體所要求的方式。

當孩子或成人感到氣餒時，他們會做出對社會無益或不被接受的行為。如果孩子認為成人對他的期望超出自己的能力時，孩子可能會放棄、生氣、責怪他人或想方設法欺騙。氣餒對其他人來說，是代價高昂的。因為氣餒的人不是拒絕處理自身應承擔的責任（導致其他人必須為他們負責），就是干擾其他人正在進行的工作。勇氣是氣餒的解方，它並非個體所擁有或缺乏的能力，它可以被發展及滋養的。

家庭是開啟鼓勵的最佳地點，因為這是孩子開始形塑自我形象的地方。孩子聽我們說的話，看我們做的事，然後得到關於自己應該是什麼樣子以及究竟是什麼樣子的結論。自我理想與自我概念之間的差距，對個人自尊程度的影響僅有部分相關。孩子對於自己有能力跨越自我理想與

自我概念之間的差距有信心，才是決定性因素。

意圖與洞察

　　學習如何鼓勵孩子往往是困難的，因爲同樣的話語，對某個孩子可能是受到鼓勵，但卻讓另一個孩子感到氣餒。如果我們說「我跟你保證，下次你的考試成績絕對可以從B提升到A。」這句話對平時都能拿到好成績的孩子來說，可能會覺得成人僅是對他或她的能力表達信心。但是假如對另一個在這次評量期間自認已經竭盡所能認眞準備的孩子說同樣的話語，則有可能看到這個孩子在我們眼前遭受打擊。只有好的意圖是不夠的，就算成人眞誠地嘗試也經常會失敗，因爲他們試圖鼓勵的是自己重視的價值，而非孩子重視的價值。

　　一位媽媽和她的5歲女兒在野餐後清理戶外的桌子。媽媽觀察到珍妮弗拿起桌上最大的鍋子朝廚房走去，就說：「哎呀！珍妮弗，如果沒有妳的熱心幫忙清理，我都不知道該怎麼辦。」珍妮弗當下默默地把鍋子放下就出去玩了。媽媽思考著，爲什麼她嘗試鼓勵卻失敗呢？媽媽意識到，自己的目標是想培養一個樂於助人的孩子，但她的女兒更感興趣的是表現出自己是個大孩子。如果珍妮弗聽到的是「天啊！珍妮弗，我沒想到妳已經長這麼大了，可以舉起桌上最重的鍋子。妳真是有力氣啊！」這句話時，珍妮弗可能會繼續把鍋子拿進廚房，然後回頭再來拿另一個。

也許你還記得某些時候有人嘗試幫助你，卻是透過指出你的「性格缺陷」、你犯的錯誤、或某個你希望沒人注意到的事。

- 你沒看見你的鞋裂開了嗎？你沒有摔斷脖子真是奇蹟。
- 你怎麼這麼自私？把你的三明治讓妹妹吃一口。
- 你動作太慢了！等你長大後，不會有人想要僱用你。
- 你沒看見那張桌子嗎？你怎麼能這麼笨手笨腳！
- 難怪沒人想跟你玩。你總是堅持己見，按照自己的方式，你真的太固執了！
- 那是錯誤的答案。我看得出來，你並沒有付出太多努力。
- 你怎麼這麼愚蠢？

你感覺如何？雖然這些人可能關心你，希望你能成功，不過你並沒有這種感覺。比較可能產生的感覺是尷尬、不如人、不開心，甚至是生氣。經常暴露在這類互動型態的孩子可能會變得氣餒、想要放棄或拒絕再次嘗試，因為同樣的結果可能會再度發生。

好的意圖固然重要，但是必須檢核我們所得到的結果是否有成效。我們必須留心觀察孩子重視什麼，並讓孩子知道他們正在實現自己的目標。家庭會議提供機會讓父母定期檢視孩子的知覺。

在以下所有案例裡，父母立意良善，只是孩子不見得學習到父母自以為在教導的內容。

強尼有個重要報告必須在下星期一繳交，媽媽擔心他像往常一樣拖延。於是從這星期三開始就提醒他，並且提出要帶他去圖書館。

強尼可能：

- 認定媽媽的責任是確保他按時完成作業。
- 對媽媽告訴他該做什麼而生氣，拒絕讓媽媽督促他完成。
- 認定這是報復媽媽的好機會，因為媽媽不給錢讓他買想要的新運動鞋。

瑪麗又忘記帶午餐。當爸爸送午餐到學校，再次對她的健忘說教，耳提面命一番。

瑪麗可能：

- 裝作沒聽到，爸爸總是反應過度！
- 認定如果忘記帶午餐也不是那麼糟糕，只需要忍受一點點大聲吼叫。
- 認定爸爸耳提面命也沒用，自己就是記性不好，也不再試圖記住。

鮑柏打翻牛奶後哭了起來。媽媽告訴他別擔心，只要先到旁邊去，好讓她收拾爛攤子。

鮑柏可能：

- 認定由其他人來解決他的錯誤就好，而他所要做的

就是感覺自己很糟（這是內疚感覺的訓練場）。

- 認定自己不夠好或能力不足，別人總是把事情做的比他好。
- 結論就是，如果不能把事情做得又快又好，就不需要嘗試了。

珍正在玩她的洋娃娃收藏品，傑森抓起其中一個娃娃，然後扯破娃娃的洋裝。珍揍了傑森一拳，之後媽媽打了珍一巴掌。

珍可能：

- 認定媽媽愛傑森勝過愛她，因為媽媽總是保護他。
- 認定打人是教育人的好方法，但前提必須是老大。
- 認定人生不公平，男孩行為不當沒事，但女孩就不行。

蘇西是大家心目中的寵兒。她努力學習，聽從指示，並獲取好成績。爸媽總是讚美她，還跟她說他們有多愛她。父母經常以她為例，做為妹妹埃洛伊絲的學習榜樣。

蘇西可能：

- 認定愛取決於表現。
- 相信自己必須是最好的才可以。
- 學習與別人比較，然後發現自己做得有多好。
- 依賴他人的意見來決定行為準則（現在是取悅自己的父母，但是當她進入青春期之後，同儕的意見將是最重要的）。

埃洛伊絲可能：

- 認定自己永遠不可能像姐姐那樣優秀或聰明。何必努力呢？
- 認定自己如果不能成為「最好的」，就要當那個「最差的」。
- 認定自己如果不能在學校表現出色，可能要停止嘗試，同時把努力放在有所回報的地方。例如：運動、朋友、音樂。

上述案例中的家庭如果有定期召開家庭會議，並且採用我們已經提及的部分技巧，那麼這些問題很多都可以避免發生。

提醒強尼完成作業的替代做法：
媽媽可以什麼都不做，或可詢問強尼是否想要安排時間讓她有空時候可以幫忙（然後等著孩子來找她）。當強尼體驗到不提前規劃的結果時，就會明白按時完成作業是他自己的責任。

當瑪麗忘記帶她的午餐時：
爸爸除了對瑪麗的困境表示同情外，無須多做其他事，可以問問她以後會如何幫助自己記住。瑪麗將學到，如果忘記帶午餐，那是自己的責任。

當鮑柏打翻牛奶時：
媽媽告訴鮑柏不要擔心，然後告訴他海綿在哪裡。鮑

柏將明白，意外確實發生，以及自己有能力修復失誤。他還會學到一些未來可以使用的清理知識，可能因此確定媽媽認為他是非常有能力的，並且知道勇於嘗試新事物是安全的，即使一開始無法做得完美。

當媽媽聽到珍和傑森打架時：
除非感覺真的有危險，否則媽媽什麼都不做。在那種情況下，媽媽可以要求孩子先分開，直到他們準備好不使用暴力方式解決分歧。珍可能已經把傑森拿走她的物品這個問題列入議程，或傑森可能會把珍揍他這件事提出來列為討論項目。兩個孩子會學到，有很多方法可以化解衝突，以及找到對他們最有利的方式來解決問題。

當蘇西將優異的報告帶回家時：
爸媽會告訴蘇西，他們開心見到蘇西這麼努力投入在自己的課業，她一定覺得自豪。蘇西和埃洛伊絲會了解他們的父母重視的是過程而非成果。兩個女孩明白努力是為了精進而非完美。如果埃洛伊絲將自己與蘇西相比，她不會覺得自己不足，因為她也可以努力追求進步。兩個女孩都不會誤解父母的愛是取決於她們表現得有多好。

發展優勢

所有人都會發展出特質和性格，以因應他人、生活

和情境。人格特質是人們成長發展所得的資源，其為了應對環境和繼續前進。個人性格和特徵無法被標記，直到其以某種形式被使用。如果有項特質對自己和他人都有利，它就會被貼上正面標籤，像是「有領導力」。如果使用令人討厭或有害的方式，它就會被貼上負面標籤，像是「專橫霸道」。兩者之間有何差別呢？差異在於它是如何被運用。當人們氣餒時，就會錯誤使用自身資源。

不當行為是氣餒的症狀或明顯跡象。它顯現出孩子的擔憂，關乎如何與人連結、感知有能力和／或有價值。被「症狀」分散注意力的成人往往會忽略真正的「疾病」為何。孩子需要與成人建立關係，而這些成人能看見孩子不當行為背後的成因，能理解孩子的擔憂，以及認同他們的優勢。

你記得當自己還是個孩子時，有某位成人指出你所做的貢獻，對你的能力表達信任，或以某種方式讓你知道自己擁有成功所需的條件嗎？你可能會因此而經驗到得意、自信、動機，甚至是驚喜；對這位成人，你絕對會有溫暖的感受。這樣的經歷讓我們願意再次嘗試，如此才會產生同樣的結果。

相信孩子的成人會指出女孩的領導力跡象，而非她的專橫霸道；以及男孩的幽默感，而非他的冷嘲熱諷。發現優勢是鼓勵的基本要素。如果我們無法發展出這種在孩子所做的事情當中看見其具有正向潛能的能力，我們可能會

錯過激勵和鼓勵的機會。

　　這並不表示成人應該假裝孩子的不當行為是優勢。技巧在於如何溫和地提供一種方法，將行為導入對生活有用的一面。與其試圖剝奪一項技能，不如嘗試引導該項技能朝向成功的結果。

　　如果家裡有個孩子批評別人的穿著方式，下次你在選擇外出服裝搭配的時候，何不徵詢這個孩子的意見，像是：「你覺得怎麼樣？這樣搭配適合嗎？」；或者讓這個孩子讀完一篇文章後試著挑出錯誤。有很多工作需要具備「批判」能力，這是一種將能力善加運用的方法。

　　有效的鼓勵技術必須因人而異，鼓勵並不是一套拍馬屁的噱頭。花些時間思考家庭中每位成員，以清單方式列出每個人的特質，包含正向特質和負向特質。如果家庭成員以對他人有幫助的方式使用這些特質時，你能看得到所謂的缺陷如何被視為優勢嗎？當我們感到生氣或挫折時，會以負向方式為特質貼上標籤，例如：下頁表格中的說明。

固執的	或	堅定的
專橫霸道的	或	領導者
愛管閒事的	或	好鑽研的
過分挑剔的	或	講究的
娘娘腔	或	溫和的
順從的	或	信任的
不圓滑的	或	誠實的
多嘴的	或	友善的
粗魯的	或	直率的
過度涉入的	或	精力旺盛的
易激動的	或	熱情的
輕浮的	或	自發的
愚蠢的	或	勇敢的
生氣的	或	為信念挺身而出
狂妄自負的	或	自信的
冷漠的	或	謹慎的
操縱者	或	有能力影響他人
諷刺的	或	幽默感
懶惰的	或	有能力放鬆

　　當人們氣餒時，會啟動個人資源來保護自己而非與他人連結。受到鼓勵的人會以幽默來提振精神、緩解緊張、拉近與他人的距離；至於感到氣餒的人則會設法貶低別人，傷害並推開他人。

爲了改變無用的行爲，我們需要改變對氣餒的知覺。我們需要的並非行爲修正而是知覺修正。鼓勵會改變一個人的知覺。當孩子相信生命中的成人對他有信心並認定他具備成功人士所需的條件時，孩子就會發展出正向的自我形象。

第11章

鼓勵的藝術

　　為增加對孩子的自尊、動機和勇氣有正向影響的可能性，成人可以依循下列做法：

1. **尋找優勢**。認可各項技能。儘管學業成就很重要，但是機械專業知識、社交技巧、藝術投入、運動技能、創造天賦、視覺敏銳度等等也都很重要。

- 湯馬斯·愛迪生（Thomas Edison）的母親經常抱怨他弄得一團糟。
- 碧翠瑞絲·波特（Beatrix Potter）的父親認為她在繪畫上浪費時間。
- 大衛·布雷納（David Brenner）的老師總是試圖要讓他安定下來。

　　需要特別留意家庭價值觀，因為這些強烈的信念可能會導致我們忽視其他優勢。

　　莉莉和瑪麗是兩位作家的女兒。瑪麗是小女兒，比起閱讀說明書，她更喜歡把東西拆解。她的姐姐莉莉是個學霸，學習表現優異，為校刊撰稿，甚至發表一些詩歌。

瑪麗在莉莉的陰影下長大，知道父母看重的價值，覺得自己不是很聰明。父母認為她需要額外加強，於是把她安置在一所私立學校。她持續感到氣餒，最終從高中輟學。

瑪麗搬到其他州，在一家服飾店找到一份工作。後來她完成高中同等學歷。她出色的工作表現很快得到認可並被提升為助理經理，不久後就成為經理。在經歷這些成功後，瑪麗受到鼓勵，開始進修一些大學夜校課程，這才被發現她是一個數學天才。大學畢業後進入研究所，她甚至完成博士學位。瑪麗一直擁有這項能力，但是沒有人注意到。她的父母不是不在乎，只因這並非家庭所看重的價值而忽視瑪麗的優勢。

2. **表現出對孩子的信心。**父母必須了解孩子的優勢和良好素質，以便於在孩子需要情感支持時能派上用場。父母責備一個考試不及格的孩子，看似理所當然；然而，此刻也正是父母對孩子表達有信心的契機。思考下列案例中的父親如何轉化孩子的負向經驗成為鼓舞人心的體驗：

馬克：爸爸，我的科學成績不及格，我真的盡力了，但我做不到，我永遠不可能成為科學家。

爸爸：我知道當我達不到自己想要的成果時，會有多麼不安。你認為問題出在那裡呢？

馬克：我不知道。

爸爸：想在科學上取得好成績需要做什麼？

馬克：你必須能牢記許多事實。

爸爸：是的，還有別的嗎？你覺得需要觀察並提出可能的解釋嗎？

馬克：耶！你說對了。我必須在我們最後一次實驗做到這些，但是我不擅長這些東西。

爸爸：不對！馬克，我很驚訝聽到你這麼說。我一直認為你擅長這類事情。

馬克：什麼意思？

爸爸：嗯！當你對恐龍有興趣時，你記住所有的物種以及它們來自哪裡。當你對汽車有興趣時，你記住每個品牌和型號。當你對曲棍球運動有興趣時，你能指出每支球隊中每位球員的所有細節。就觀察和提出可能解釋而言，我從來沒有見過比你更擅長解謎的人。每次我們玩《線索》遊戲或在電視上看懸疑劇時，你都比我還快就搞清楚是誰幹的。

馬克：我從來沒這麼想過。

爸爸：嗯！馬克，有時會很難看出自己把某方面的技能應用在另一個領域，但我認為你已經掌握科學領域中獲取成功所需的一切。如果你決定再給它一次機會，請讓我知道，我可以幫忙。

（落後的學業表現是很讓人氣餒的。有時候可能需要個別指導，以幫助孩子趕上進度或找到新的學習方法。）

3. **盡一切努力消除批評**。放棄建設性批評的神話。不請自來的批評會貶低人，建設性則激勵人；將這兩個語詞放在一起，就是字典裡的矛盾修飾詞。它們不適合在一起，因爲具有相互牴觸的效果。批評通常是你不想要且未被徵詢而得到的建議。

當我們關心他人時，通常會幫助對方移除障礙以達成目標；但不希望我們的評論被視爲批評，這就需要確認想要幫助的對象是否有興趣聽取回饋：

「喬，當你請我閱讀你的科學論文時，你是想要我像你的朋友一樣讀它，還是想要我找出會影響你成績的錯誤？」

接納一個人並非意味著必須接受他或她想做的一切。我們可以在不貶低對方的情況下，陳述自己想要表達的內容。

與其告訴孩子他不負責任，我們不妨說：「當你放學後不回家也沒有打電話時，我很擔心，因為我不知道你在哪裡。」

有時候，我們判斷事情的方式或給予的選擇，就是最有效的教育方法。

「我們都同意在星期日出去吃晚餐。那麼，我們應該穿著正式服裝到飯館用餐，還是我們都穿牛仔褲去吃

披薩就好？」

這句話能讓父母傳達出「需要因應場合適切穿著」的價值觀，而且還能保持親子關係完好無損。

如果確實發現必須批評或指出錯誤，請務必以正向語句做結尾。

> 不要說：「你把餐桌佈置得很不錯，『但是』你忘記叉子了。」
> 試著說：「做得好！雖然你忘記擺上叉子，但是你確實有記得放上湯匙、刀子和餐巾紙。」

多數人都曾經遭遇過類似的挫折，就是當對方結束評論時帶著「我們表現不夠格」的陳述。如果我們聽到的「雖然……，但是……」都是傳達正向的部分，那豈不是很好嗎？

4. **尋找錯誤背後的邏輯**。錯誤通常很合乎邏輯—不正確但有邏輯。皮亞傑（Piaget）提醒我們：「我們更感興趣的是，孩子為什麼這樣回答，勝過於孩子的答案是甚麼。」與其追求完美，不如尋求：分析能力、批判思考、良好判斷、努力、進步、孩子已經走了多遠而不是她必須走多遠。

「黛安，當妳以選項3做為答案時，妳認為這題目是什

麼意思？」在孩子給出答案後，成人可以回應「喔！
我了解妳是如何想出答案的。如果妳認為這題目的意
思是……，妳會怎麼作答呢？」

「麥可，當你這樣做的時候，是希望你的朋友怎麼
做？它奏效嗎？如果再次發生這種情況，你會有什麼
不一樣的作法？從朋友或自己身上，你學到什麼？」

當孩子的房間在他們理應打掃乾淨但看起來卻仍是一
團糟時，你可以透過以下問句來避免爭吵。「當我要
你打掃自己的房間時，你認為我的意思是什麼？」如
果孩子回答：「我覺得你是要我掛好衣服並且整理床
鋪。」你可以停下來看看那些已經完成的部分，然後
繼續提及你認為孩子會想到的其他任務。很有可能，
甚至極有可能，孩子與成人抱持著不同的知覺。

5. **幫助孩子從錯誤中學習。**當錯誤發生時，我們可以
   聚焦在從錯誤中能學到什麼。

「謝謝你告訴我，你犯的錯誤以及桌布是如何弄髒
的。現在，你認為自己可以怎樣補救？」

「我可以了解你認為打了弟弟之後，他就會把球還給
你。既然這樣行不通，你能不能想想還可以怎麼做？
當然，我也可以要求他把球還給你，但這麼做對你
未來沒有幫助，如果下次再發生而我不在你們身邊

呢？」

「當你到學校後才發現自己忘了家庭作業時，我敢打賭你一定覺得很可怕。當時你做了什麼？然後發生什麼？你從這次經驗學到什麼？下次你會有什麼不一樣的做法？聽起來，像是個好／有趣的主意。當事情進展不順利時，你不會崩潰，我覺得這樣很好。」

家庭會議並非用來避免犯錯，而是要能理解：

• 錯誤是學習的重要途徑。
• 修正錯誤比錯誤本身還更重要。
• 大多數錯誤都不是毀滅性的。
• 錯誤可以是放棄的藉口，也可以是再次嘗試的機會。
• 犯錯是身為人類的一個先決條件，我們絕對能確定的一件事就是，凡是人都會犯錯。

6. **提供建設性回饋。**我們必須告訴孩子，什麼是不被接受或是不恰當的行為，但也必須明確指出我們真正喜歡什麼。需要具體告知如下：

「我喜歡當你做……的時候，因為……」
「我喜歡你處理……的方式，因為……」
「我喜歡你能堅持和弟弟輪流完成任務，因為我不希望他長大之後，認為自己不必與人合作。」

「我喜歡看見你經得起來自其他孩子的嘲諷，我敢打賭他們會看到的是，你不會讓他們決定你什麼時候生氣。」

「我喜歡你犯錯時沒有崩潰的事實。要學習的東西太多，如果我們總是擔心犯錯，很多事就永遠不會做。」

「我喜歡你準時回家。讓我開心的是，即使延長你夜間在外的時間，我也能看到你正在承擔隨之而來的責任。」

家庭會議期間的讚賞時段可做為定期提供正向回饋的機會。

7. **為成功創造機會**。將較大任務細分成為許多小任務。不要告訴一個年幼孩子說「打掃你的房間」，而是請他撿拾大型玩具，然後說自己會幫忙撿拾小型玩具；請他撿拾所有藍色玩具，說自己會幫忙撿拾所有紅色玩具；請他整理檯面，說自己會幫忙清理灰塵。

如果孩子從一個大容器潑灑出牛奶，父母可以詢問孩子：「你想要一個更小的罐子放在冰箱較低的層架上嗎？這樣你就可以常常練習倒牛奶。」

請書寫能力弱的孩子列出一份購物清單，這樣書寫就會成為需要的事，而非僅是曝露出個人能力不足的忙碌工

作。（可以商請書寫能力不那麼厲害的孩子爲家庭會議做紀錄。）

不要製造不實的成功，因爲孩子通常會看穿它。一位媽媽習慣把烘烤麵包或鬆餅的功勞歸功於女兒；但事實上，她從來不讓女兒幫忙。這讓孩子覺得被雙重侮辱。好幾次孩子提出想動手做做看，但媽媽只要她在一旁觀看如何製作，現在孩子卻聽到媽媽把蛋糕能完成這件事歸功於她。或許這位媽媽試圖鼓勵孩子在烘焙過程中的功勞，但是對孩子來說，確實無法感受其中意義。

8. **不要憐憫**。憐憫孩子也是危險和不尊重的。如果成人同情孩子，他也會爲自身感到難過，認爲成人相信他無法自己處理好狀況。我們可以同理孩子的困境，但不是讓他們找尋藉口免除經歷個人行爲的結果。對某個情況感到遺憾時，可能會被認爲是支持；但是同情某個人時，則通常會讓人感受到氣餒且更無信心。

5歲的潔西卡是家裡的獨生女，習慣和成人在一起。上幼兒園一星期後，她開始向母親抱怨其他同學有多麼不友善，而且沒有人跟她一起玩。母親為自己的小女兒感到難過，並試圖用更多的擁抱、討好和關心來彌補她。

到了上學第二個月，媽媽開始有點生氣，決定到學校

看看自己能做些什麼來幫助女兒。老師建議媽媽在一旁觀察潔西卡和同學的相處互動。於是媽媽了解自己憐憫孩子的處境是個錯誤，甚至強化孩子的困難。潔西卡不和其他孩子合作，反而要求他們按照她自己的規則玩耍。當某個孩子拒絕她時，潔西卡說：「好吧！反正我也不想和你一起玩。我媽媽說你不好！」

等到潔西卡再度抱怨其他同學時，媽媽這回反應不同了。媽媽表達自己能理解女兒的感受，說：「聽起來，妳真的覺得被冷落了，那一定很難受。下次再發生這種情況，妳對於怎麼做有什麼想法嗎？」媽媽和潔西卡討論，怎麼做才會讓別人覺得和潔西卡一起玩是有趣的，以及想一些可以在學校裡嘗試的做法。

9. **不要過度協助**。如果父母想要培養孩子的能力感和自尊，就必須為孩子創造機會，使其能發展技能、承擔責任並且負起責任。因為我們無法保護孩子一輩子，所以必須協助他們做好準備。

當父母過度協助時，孩子可能會誤解父母認為他們沒有足夠能力來應對生活上的需要。如果父母只因為自己能做得更快、更好或更有效率，而總是免除孩子親手做自己有能力完成的事，那麼孩子可能會變得氣餒。接下來可能會放棄努力提升自身能力，反而聚焦在增進使他人為自己服務的技術。

愛麗絲是個幸運孩子，她有一位總是願意伸出援手的
「好媽媽」。媽媽會早起為愛麗絲做午飯，提醒她喜
歡的電視節目就要播出，以及每天晚上都幫忙她做家
庭作業。

有個晚上，媽媽告訴愛麗絲，因為要參加一個重要會
議，不能幫忙她做家庭作業。愛麗絲總能理解也很
敏銳地回應說：「沒關係，媽媽，等妳回家就可以做
了。如果妳自己做，可能會更快。」

媽媽決定是時候把責任歸還給愛麗絲。

我們只能藉由給予責任來教導負責。所有家庭成員都
應該被允許也被期待透過有用的參與來為家庭做出貢獻。
一旦孩子能走路，他們就可以開始做些小型工作。

過度保護也會剝奪孩子的主動和勇氣。有些孩子可能
會將父母的關心誤解為「我必須為你做這件事，因為你做
不到我的標準。」這些孩子可能會因此認定自己達不到標
準，而開始逃避所有無法保證成功的競賽和情況。孩子必
須學習大步前進及應對其間的碰撞和拒絕。誠如魯道夫．
德雷克斯的警示，瘀傷的膝蓋會復原；傷痕累累的勇氣將
成為終生障礙。

10. **避免賄賂。**使用獎勵方式促使孩子合作會傳達出極
　　為錯誤的訊息，就是我們教導孩子從「這對我有什

麼好處？」著眼，而不是讓他們感受到把工作做好的滿足、做出貢獻的樂趣，或幫助他人的快樂。隨著孩子的成長，獎勵也必須對等增加。如果獎勵不夠等值，他們可能就會決定不參與。假如小學階段的A值得1美元，那麼高中階段的A當然要值得10美元；而取得大學成績平均3.5的分數，就非得值得一趟歐洲旅行不可。

馬修有一天帶著一份引以自豪的成績單回家展現。他詢問，得到A是否有獎勵。媽媽說：「不，馬修，我們不會因為好成績而給予獎勵。你為這些成績非常辛苦付出，這就是你努力的結果。」馬修宣稱：「媽媽，這不公平，我有很多朋友每拿一個A回家時，都會得到5美元。你為什麼不這樣做？」

媽媽回答：「馬修，我們不獎勵好成績的原因是，如果我們獎勵好成績，那麼也應該對低分給予處罰。獎勵和處罰屬於同一個系統，有賞就有罰。爸爸和我相信如果你得到低分，自己就已經感覺很糟糕，我們的處罰並不會產生更持久的結果。我們也不相信給予好成績獎勵，就會產生更多好成績。事實上，我們認為這樣做，會剝奪你看到成績單時的喜悅感。你得到的A是屬於你的，不是我們的，我們不想用一些小額金錢來貶低或破壞你的成就感。」

「但我要告訴你，我們能做什麼。今天下午稍晚，你

的兄弟姐妹也會把他們的成績單帶回家。我們何不在今天晚上為你們所有人在這次考試期間的努力表現，規劃一場小型慶祝活動呢？」

11. **示範同理心**。當人們害怕失敗、犯錯或貶低時，會想方設法避開失敗或未達標準的感覺。當勇氣喪失也缺少良好意志時，我們會看見一些防衛機制。父母可以學習辨識出防衛機制有可能是害怕失敗的徵兆。帶著這項訊息，父母就能找到線索幫助自己釐清其他家庭成員如何看待個人失敗。想要在他人身上辨識出防衛機制不太容易，但可透過自己回應對方行為時的感覺（煩惱的、惱怒的、生氣的、受傷的、怨恨的、絕望的等等）而得知其所在。當我們確實注意到他人氣餒時，就能藉由認可其感受且不為其錯誤行為找藉口的方式來鼓勵他們。

「我現在不能停下來和你一起玩，我知道你很失望。我必須先完成這項工作；如果你願意，我會在完成工作後告訴你，假如那時候你還想玩的話，我們可以一起玩。」

「你好像因為我不同意你的想法而對我生氣。我知道你想要長大，可以自己做出所有決定。我也想要這樣；同時我想要確認的是，身為你的父母，我不會為了處理自己的事情而找藉口。或許我們可以找到雙方互不冒犯的做法來達成這個目標。」

「你剛剛做的（或說的）讓我很受傷。我知道，人通常先被傷害後才會採取反擊。我一定做了什麼讓你感到受傷的事情。你能告訴我那是什麼嗎？這樣我才能確保自己不再這樣做。」

「當你這麼做的時候，似乎在告訴我別打擾你。我想用些不帶給你那麼多壓力的方式與你相處。如果你想到什麼，我很有興趣傾聽。」

鼓勵眞正的考驗是，在說話之前先問自己：「我要說的話會讓這個孩子更願意嘗試或更不願意嘗試呢？」

許多年前，強尼·默瑟（Johnny Mercer）用他的流行歌詞總結有關鼓勵的藝術，「你必須強調正向部分，消除負向部分，守住肯定部分，然後不掉進中間地帶亂成一團。」

家庭會議培養勇氣

許多人談論家庭會議並將其應用於各類不同目的。有些人嘗試用於「制定律法」，有些人用於「危機介入」，還有人做爲「最後手段」。我們將家庭會議視爲重要的預防工具，藉以豐富家庭生活品質。在家庭會議裡，我們可以有意識地示範和教導那些希望在孩子身上培養的行爲。我們能定期在每個星期鼓勵並確保孩子體驗所有的關鍵C。透過表達及接受感激和讚賞、徵詢及提供建議、解決問題

與承擔家務，孩子會受到鼓勵並能了解自己是有連結、有能力，以及重要的。

他們在合作氛圍中參與越多，就越有歸屬感。
他們越有歸屬感，就越想要做出貢獻。
他們做出的貢獻越多，就越有責任感。

家庭會議是所有人協助彼此成為家庭與社會所需要且更有效能成員的地方，然後孩子就能盡情發揮自己的潛力，因為他們有勇氣和意願精進成功與幸福生活所需要的必備技能。

第四部分
邏輯紀律

第12章

教養風格

就教養孩子而言，父母處於劣勢。他們不得不肩負起這項算是社會賦予的最重要任務，卻鮮少受過訓練也沒有經驗。事實上，多數人對於孕育孩子感到興奮，但卻沒有想過應該如何教養孩子。直到他們「已經成為父母」，才發現自己明顯準備不足。在這種壓力下，多數人採取下列三項做法之一：（1）做父母做過的事；（2）與父母做的恰恰相反；或（3）先從一種方式開始，當失敗時，就轉向另一種方式。

最常見三種錯誤的教養方法是：
1. **嚴格規定**。試圖讓孩子遵從或「照我說的話做」（或像某些父母委婉地說「合作」）。
2. **寵溺縱容**。為孩子服務並滿足他們的要求。
3. **一方嚴格規定，一方寵溺縱容**。父母其中一方緊縮控制以避免教養出「被寵壞的頑童」，而另一方卻試圖給予額外的彈性來彌補這種「不公平」。父母彼此在嘗試彌補對方的「錯誤」時，可能會過於極端。

在某個有四位孩子的家庭裡，每當其中有位孩子犯錯時，媽媽就會訓斥、責罵並且詳細解說應該怎麼做。爸爸看到孩子臉上的表情，為他們感到難過。他總是

打岔地說，「他們不是故意這樣做，這沒什麼大不了。為什麼妳總是反應過度？他們只是孩子。」

媽媽擔心自己的孩子不清楚社會生活所需要的禮節。她也害怕人們會認為身為母親的她沒有盡到教育孩子的責任。爸爸則擔心孩子因為害怕犯錯而不再嘗試任何事情。爸爸認為孩子需要從媽媽的高標準中被解救出來。

為何不嚴格規定？

有些父母說，「現在當孩子太容易了！孩子就應該按照成人說的話去做。就像我聽從自己的父母，我的孩子也應該聽從我。」這個做法如果有效，那很好，但是嚴格規定也未必有效。

現今父母理所當然地擔憂自己的孩子必須面對許多危險。父母希望孩子避開陌生人，即使對方看起來很友善；對毒品和酒精說「不」，即使這意味著他們會被邊緣化；對性做出負責的決定，即使他們的朋友說「你不夠酷」。父母想要養育具有良好判斷和獨立思考的孩子，訓練時就不能要求盲目服從。一個只聽從命令的孩子怎麼能學會如何做出選擇並發展出判斷力。

當孩子被專斷地強迫時，會感受到被貶低並試圖理清楚如何維護自尊。這取決於孩子感受的強度及其知覺的選擇：

- 他們可能會戰鬥，公開說不！
- 他們可能會抗拒，被動說不！（磨蹭、遺忘或其他一些私下進行的技倆）
- 他們可能會說好，但沒有行動。

嚴格規定是危險的，因為它無法教導合作。高壓會教導「強權卽眞理」，尊重只有單一方向—朝上發展！這些孩子並未準備好在平等社會中立足。相反地，自作聰明的他們將世界分為贏家和輸家、老闆和奴僕。

為何不寵溺縱容？

所有人都意識到忽視和虐待孩子的影響，並將其視為一種嚴重的剝奪形式。很少有成人看淸「寵溺縱容」也是另一種嚴重的剝奪形式。寵溺縱容剝奪孩子學習在世界上生存所需技能的機會。嬌生慣養的孩子是殘疾的，因為他們不認為自己有義務或能力在社會群體中承擔一個平等角色。他們討厭這種依賴的感覺，同時又將其視為獲得服務的權利。這些孩子可能會生氣，甚至報復那些不能滿足自身要求的人。他們也將世界分為優越者和劣等者，卽僕人和被服務者。合作及為他人做事可能會被視為軟弱與卑微的跡象。

父母可能會感到困惑。他們已聽聞示範宜行為的重要性，但疑惑的是當自己試圖示範良善與樂於助人時，為何孩子卻成為苛刻的暴君。答案很簡單：父母遺漏一個

重要元素就是自我尊重。雖然父母尊重孩子卻忘記尊重自己。由於父母沒有示範自我尊重，孩子也無從學習尊重父母。孩子觀察到父母的體貼行為，並開始相信這種待遇是他們的權利。

> 一位寵溺縱容孩子的媽媽為親子化妝舞會做準備時，意識到女兒的觀念偏差程度。當媽媽問8歲的喬安妮，母女兩人應該穿什麼服裝出席時，喬安妮的回答一語道破雙方處境：「我知道！我是富家千金，而妳是我的女僕！」。由此清楚可見「平常就是如此。」

這位媽媽是幸運的。在孩子年紀還小尚可受到影響的時候，就學到這寶貴的一課。媽媽透過改變自身行為，還是有機會讓喬安妮了解尊重，以及權利與責任之間的關聯性。

有些父母一廂情願地將孩子的自私表現，視為他們正在經歷的「只是一個階段」。他們希望孩子會自然而然成長並走過這個階段，只要稍加訓誡且無須在教養技術上做出實質改變。

> 對無意中聽到的這位媽媽來說，情形就不同了。她為自己的網球之約遲到而向朋友解釋著：「很抱歉讓你們等候。我兒子們今天早上遲到了，而我必須確保他們都吃過早餐。」她停下來想了想，然後補充說：「我不知道自己為何要如此操心，無論如何，他們一進到辦公室，通常就會吃些東西！」

寵溺縱容是不負責任的，因為孩子無法知道他人對自己的期許，只會學到期待他人為自己做些什麼。除非父母停止提供過度服務，也不再屈服於不合理要求，否則這種情況不會改變。

堅定而友善

魯道夫·德雷克斯指出，「自由是民主的一部分，但鮮少有人意識到其中微妙之處，除非我們尊重他人的自由，否則就不可能擁有自由……。為了每個人都擁有自由，我們必須有秩序，從而承擔必然的限制和義務。自由也意味著責任。」（魯道夫·德雷克斯，孩子的挑戰，紐約：Hawthorn Books，1964年）。

父母有義務養育子女成為負責任的公民。孩子需要知道，真正的自由只能存在於社會秩序中。缺乏限制和原則，沒有人會感到安全；缺少選擇機會，沒有人會覺得自由。想像如果要穿越沒有護欄的布魯克林大橋時會有多可怕。雖然我們試著不要撞到欄杆，但是知道欄杆的位置會讓我們感到安全。

孩子需要安全的機會做出選擇並從中體驗自己選擇後的結果。教養技術應結合以下兩種類型的父母，即堅定且有結構的「嚴格規定」型父母，以及友善並保有彈性的「寵溺縱容」型父母。

12歲的傑夫不明白媽媽為什麼不讓他和朋友一起參加

搖滾音樂會。他太難過了，最終他說媽媽是個愚蠢笨蛋。雖然媽媽很受傷也很生氣，但是媽媽知道反擊回去並非解決之道。

當天傍晚，傑夫要求媽媽載他去參加一場足球比賽。媽媽藉此機會教導傑夫有關粗魯的結果，說道：「傑夫，我知道你需要搭便車去參加你的比賽，但是身為你的媽媽，我擔心讓你搭乘由愚蠢笨蛋駕駛汽車的安全性。」

傑夫很快就道歉，說自己真的不是那個意思，只是生氣。媽媽說：「我接受你的道歉，我很高興你感覺好多了，但我仍然感到不被尊重。你花了一些時間才冷靜下來，我相信過一陣子，我會感覺好些。到時候我會樂意來幫你。」傑夫試圖讓媽媽改變主意，抱怨地說：「我已經說對不起了，我不能錯過這場球賽。」媽媽保持堅定而友善，「我知道這場比賽對你很重要，但這次你需要想想其他方法到達球場。」

媽媽沒有說教、責罵或處罰。她藉由拒絕不被尊重來教導尊重。

這是一種訓練尊重的方法，既友善又堅定；它使用自然與合乎邏輯的結果來取代處罰和獎勵。透過這種方式，成人不再使用處罰來虐待孩子，也不再使用賄賂來侮辱孩子，或者藉由保護孩子免受現實衝擊來阻礙他們學習。

第13章

相互尊重

　　如果任何家庭成員拒絕遵守群體共同的協定時，家庭會議是討論後續如何處理的絕佳時機。家庭正試圖建立一套社會秩序，維持一個共通的邏輯。這個邏輯是每個人都能理解，並視其為合宜、合理且與情況相關。合乎邏輯的社會秩序允許任何成員（可能從4歲就開始）測試規則，藉以從中體驗預先知道的結果。當事前知道規則時，我們就有選擇，以及無須經歷來自未知所引發的不安全感。

　　使用合乎社會邏輯的結果，事實是：「我對於處罰你沒有興趣，我也不會把你從自己選擇後的結果當中解救出來（危險或危及生命的情況除外），並且我會要求你尊重我。」

　　有些家庭的邏輯結果是在家庭會議裡協定得出的：

- 睡前留下的玩具可能會被任何必須跨過它們的人收起來一天。
- 只有那些放在洗衣籃裡或洗衣房內的衣服才會被清洗。
- 如果物品散落四處，它們會被任何想要該區域整齊乾淨的人放在壁櫥內的盒子裡。
- 如果兩個人因電視節目而爭論，那麼電視機將被他人（任何被爭論打擾的人）關閉，直到雙方協定出

想要觀看的節目。

- 如果有人還車時的汽油未達至少四分之一油箱，那麼一星期內不再借車給該名使用者。

少做事，教更多

邏輯結果可能是在某個人未向家庭會議提案討論下產生，特別是在感覺不被尊重時（如同傑夫稱呼媽媽為愚蠢笨蛋的案例）或是在下列情況：

媽媽的工作包括擺放餐桌，但每當她要做這件事時，就會發現桌子上堆滿其他人的東西。她非常厭倦反覆提醒大家要清理個人物品。

媽媽最後嘗試一種新方法。畢竟她選擇的是擺放餐桌這項工作，而不是對家人嘮叨，也不是叮嚀首席！媽媽決定堅持協議，僅依約定完成自己份內工作。

那天晚上，當全家人準備吃晚飯時，他們面對一個有趣景象。所有的餐盤和銀器餐具都整齊地擺放在文件、書籍和夾克上。所有人都看得出來，他們得把自己的東西收走，大家才可以吃飯。

當媽媽和其他人笑談這件事的時候，也清楚表達出這不是開玩笑，她打算持續保有這個新常規。

決定不爭鬥、不屈服，以及不強迫孩子接受我們的思維方式，就會有一些令人驚訝的正向結果。

湯姆，一位剛從教養課程中結業的父親，準備以一種全新方式處理他和8歲女兒米雪兒之間的各種情況。當米雪兒提出她的新兩難問題時—自己的小型兩輪車已不敷使用—爸爸早就預備好要以友善方式應對問題，且避免如往常般爭執。爸爸同意米雪兒的自行車確實太小。然後米雪兒提出想要一輛在自行車店看中的十段速款式。

湯姆是一位經驗豐富的生意人和優秀的推銷員，所以他採用最佳成人邏輯，試圖說服米雪兒關於十段速自行車遠超出她的基本需求，爸爸提議購買一輛三段速自行車就已足夠，這是較好的購買選擇。

不難預測即將發生拉鋸戰。米雪兒精心策畫的8歲邏輯回覆關於為何非得要十段速自行車才是最佳選擇。

爸爸正在找尋一種既不爭鬥也不屈服的好父母方法，所以爸爸告訴米雪兒，他想要她擁有一輛新自行車。他已經看過價格，願意把自己認為能滿足她需求的三段速自行車所需金額給她，但他無意強迫女兒購買自己不想要的東西。他告訴米雪兒，她仍然有其他選擇：她可以考慮用爸爸給的錢買輛自行車，或她可以持有這筆錢，直到有足夠積蓄買更高價位的自行車。

米雪兒決定堅持自己的想法。這家人住在農村，找工作不是那麼容易；然而，沒有什麼能阻止米雪兒的熱情。她聯繫自己認識的每個人，以便找尋打零工機會。她遛狗、照顧植物、收集雞蛋，並尋求任何可能的工作。等到夏天結束時，米雪兒得到她想要的自行車。她為自己的成就感到非常自豪，而且她不是唯一一位。湯姆對自己女兒創業技能的印象非常深刻！

在這個案例裡，米雪兒選擇體驗結果。這比屈服更難，但也給她一次機會感受到尊重和獨立。如果爸爸迫使米雪兒認同他的明智提議，或試圖讓米雪兒為額外費用工作，那這個經驗就會像是一種處罰。他們雙方可能都會錯過了解米雪兒的能力、決心和進取可以如何展現的機會。

權利和責任

套用社會心理學家埃里希‧弗洛姆（Erich Fromm）說的話，美國在東海岸放置自由女神像時犯下的大錯誤，就是忘記在西海岸放置責任雕像。成功的民主國家要求其公民知道如何使用他們的自由並且認知其責任。權利和責任不能是兩個單獨的議題。

17歲的班對自己身為年輕人的獨立感覺良好。他在一家速食店工作，有幾次夜班會較晚結束工作。父母請他張貼自己的時間表，以便讓家人知道何時可以期待見到

他。班公布時間表，但當他的同事週末下班後邀他出去時，班忘記時間表這件事，很晚才回到家。隨後，班的父母要求他跟朋友外出時要打電話告知家人，這樣他們就可以改變對他返家時間的期待，而無須掛心他。

班越來越頻繁打電話告知父母不能在約定時間內到家。父母開始感受到不被尊重，也無法負起身為父母的責任。他們要求班在上學期間每天晚上工作結束後就直接回家。至於週末回家時間則在合理範圍內延長。班和父母同意設立夜間門禁。

這個討論涉及父母和青少年的權利及責任。所有人都同意父母有權利也有責任為孩子在上學夜間返家時間設限。

班再度選擇在上學期間的夜間很晚才回家，這時候所有家人都已經上床睡覺。班的父母因而要求他交回鑰匙，因為他逃避自己的責任同時也侵犯父母的權利。班被告知，如果他在約定時間內回到家，他們會看到他願意合作。如果他在父母睡覺前回到家（晚上11:30），他仍然可以進門。但是，如果他再晚點回家的話，門就會被鎖上。

班被問到，他將如何處理這種情況。他說，既然是朋友開車送他回家，他會讓朋友等他查看家門是否上鎖。如果他被鎖在外面，就會到他朋友家過夜。對年

幼的孩子，父母不會考慮這個選項。然而17歲的班距離獨立只有一年。他需要變得更加可靠及負責。

班仍持續測試這個家庭規則系統。他又在家門鎖上後才回到家，他走到某個兄弟臥室窗戶前，朝著窗戶扔石頭叫醒他，要求讓自己進門。他的兄弟答應開門。父母在下次家庭會議時提出這個問題，並要求所有家庭成員讓班體驗他不願意合作的結果。他們解釋班無權為了自己方便而打擾其他家人睡眠。這是不尊重的行為，家庭規則之一就是尊重自己和他人。

班最後一次測試這項家庭規則，不過由於父母保持友善但堅定，使他得以了解自己失去權利，畢竟是他沒有接受隨之而來的責任。

有限制的自由

我們的目標是讓孩子在18歲時能自給自足，並以負責任方式與他人共處。為了實現此目標，父母應依據孩子的發展與能力，擴展孩子的自由和權利，以及限制和責任。

下表將提供您清楚了解適合每個年齡層孩子的內容：

年齡	自由	限制
5 歲以下 父母提供：結構、安全、限制、規則	可以外出 選擇早餐 觀看電視	留在圍欄內 冷或熱麥片 芝麻街或羅傑斯先生 （譯者註：美國電視節目）
5-7歲 父母給予更多機會學習獨立和責任	選擇穿什麼 選擇喜好和活動	從這層架中選出上學服裝 從這層架中選出遊戲服裝 尊重自己和他人 如果父母負擔得起費用
8-12歲 父母開始教導預防濫用藥物和酒精（這是最佳時間，在思考完全發展後，以及青春期前）	選擇做作業時間 選擇為家庭貢獻方式 決定何時做家務 選擇朋友	放學後、晚餐前或晚餐後 從工作清單中選擇，或以家人同意的方式 晚餐前或就寢前 邀請他們回家見父母
13歲以上 孩子持續朝向自給自足，並與成人的責任世界建立聯繫	選擇就寢時間 考取駕照 借用家庭汽車	最晚回房時間：＿＿＿ 上學期間晚上10時過後不得淋浴或有嘈雜音樂 妥善安排好保險事宜 事先安排且補回汽油 不喝酒或吸毒

邏輯啟動

雖然我們花很多時間討論邏輯結果，但重要的是要記住，如果父母可以在問題出現前就預見結果的話，這些技術並不一定需要使用。

父母需要花時間教導孩子與社會秩序合作。教導新技能或行為的最佳時間是，為此學習目標預留時間。當已經遲到時，我們不會教導孩子如何綁鞋帶。當前往昂貴餐廳時，我們不在這時候教導孩子關於公共用餐禮儀。

家庭會議是邏輯啟動的好地方。例如：教導工作處理技巧、為未知做好準備（看醫生、外出用餐、搭乘飛機）。如果我們知道他人對自己的期望，其結果就更受到尊重也更容易被接受。

當父母決定教導有關社會對公共場合內飲食的要求時，他們應花時間討論（甚至練習）合宜的行為。父母還須強調考慮他人權利的重要性。餐廳裡每個人都應能享受自己的餐點而不受打擾。「當外出用餐時，我們有個選擇。只要大家都能舉止合宜，我們就可以享用一頓愉快的午餐；或者我們可以離開餐廳，改天再試一次。」

而後父母可能選擇一個消費低廉的餐館吃些點心，如果孩子行為不當，父母可以說（堅定而友善）：「我知道你決定離開這裡。」或「當你在餐廳內大聲吼叫時，會打

擾正在用餐的其他人。我們現在必須離開。」父母隨後集合所有人離開。如果孩子抱怨或要求再給一次機會時，父母則回答：「沒關係，我們下次再試試看。」沒有訓斥，沒有指責，也沒有處罰。我們只讓孩子體驗社會秩序結果。如果始終如一遵循這個程序，它將爲未來許多愉快的外出用餐經驗做好準備。

　　許多父母對這個解決方案的反應是：「我爲何要爲孩子的行爲承擔後果？」答案有兩個：
1. 父母有義務訓練孩子，光只有說教是行不通的。一個安全且結構化的體驗勝過千次的訓斥。
2. 留下價值幾美元的食物一次或兩次沒吃完，就足以教導一堂課，讓家庭在接下來的幾年裡都可以外出用餐。對許多父母來說，這樣的培訓相當值得。

家庭會議培育孩子迎向民主社會

　　現今的孩子必須爲生活在明日世界做好預備。技術快速變化與知識大幅進展，確實影響我們思考、感受和行動的方式。在這個快節奏世界裡，傳統和價值觀往往會丟失。在此情況下，父母有更大的義務：
1. 幫助孩子學習在當前社會裡賴以生存與成功所需的技能。
2. 幫助孩子預備成爲一位可以對明日世界有所貢獻的成員。

在本章中，我們陳述一套邏輯紀律系統，旨在幫助父母教出有能力的孩子：運用良好判斷、承擔責任、有效溝通、尊重自己和他人、合作、培養自尊和享受生活。

我們相信家庭會議是邏輯紀律的自然補給。藉由承諾於每星期召開一次會議，父母確保孩子有機會體驗他自己是有能力、有貢獻的家庭群體成員，並讓他們有機會學習和練習上述提及的所有技能。

一切盡在會議中

　　本書主要目的，是呈現家庭會議如何觸發孩子發展出必要的知覺與技能。

知覺：「關鍵四C」

我和家庭有連結；我感覺自己有歸屬。
- 會議提供相處時間，這被視為一項重要的家庭儀式。
- 每個人都有機會獲得認同並為此群體過程負起責任。
- 確保每位家庭成員被接受，有機會被傾聽及認真對待。

我有能力；我擁有成功所需一切，以及我能影響發生在自己身上的事。
- 所有成員在工作小組中都各有其功能。
- 經由聽見他人指出優勢，每個人發展出自尊和自信。
- 所有家庭成員可以分享想法，將其納入考慮及使用。

我受重視；我可以採取有意義的方式做出貢獻，我是真的被需要。
- 所有成員都參與家庭討論並做出決策。

- 每個人都能被傾聽及認真對待。
- 每個人都需要分擔家務和工作。
- 每個人都有機會幫忙需要協助的人。
- 所有人都要輪流主持會議並做紀錄。
- 每位成員都有機會聽見自己被讚賞。

我有勇氣；我能嘗試新事物，我的適應力強且能從錯誤中學習，不害怕遭受嘲笑或指責。
- 對努力和改進給予認可。
- 提供機會從錯誤中獲得學習並修正錯誤。
- 每個人能自由分享想法、表達關切，以及尋求幫助時不害怕遭受嘲笑或指責。
- 不對人貼標籤。拒絕的是行為，不是個人。
- 優勢能被識別，才能獲得認可。

技巧和能力

溝通
- 每個人都有機會發言並被傾聽。
- 家庭成員被教導如何傾聽他人說話，並學會不打斷發言以示尊重。
- 每個人都會聽見他人如何分享想法和感受。
- 示範合作、同理、尊重和協商，讓孩子學習如何以邀請他人傾聽的方式進行溝通。

自律

- 規則和結果由所有成員共同決定。
- 所有成員能體驗自身行為的結果。
- 每個人都能給予也接受他人回饋。

責任

- 每個人都有機會為家庭生活做出貢獻。
- 所有家庭成員都要輪流主持會議、記錄會議進程並參與非領導角色。
- 選擇、結果、自由與限制等皆適用於所有人。
- 向每個人徵求解決方案。

良好判斷

- 家庭成員討論個人經驗的重要性。
- 發現問題並加以分析。嘗試多種解決方案。
- 檢核解決方案，以確知是否尊重自己和他人，以及了解其如何影響每位成員。
- 做出選擇並體驗結果。

合作

- 家庭成員彼此信賴及依靠。
- 每個人的貢獻都被感謝且被需要。
- 發展形成家庭群體。

就像所有技術或工具一樣，家庭會議只有在每個人都受益時才會有用。有些益處立即見效，有些益處需要時

間。當問題的發生似乎多過問題的解決時，您可能會想要停止會議。請記住，您試圖向孩子展現的是，如果所有人都能堅持團結一致，問題是可以解決的；有時感到氣餒或不高興是正常的，但不能說這些是必要的。如果您在出現問題時就停止會議，可能會讓某個孩子覺得自己有錯，而其他人可能會認為當解決方案行不通時，放棄也沒關係。

生活充滿問題，成功人士視生活中的問題為找尋解決方案的機會，而非放棄的藉口。隨著時間的推移，回顧過往某些會議紀錄時，會看到經由大家討論達成的決議獲得哪些成果。

我們家人有多年召開會議的紀錄，額外的獎勵是我們一起回顧過往生活裡起起落落家庭史所獲得的樂趣。有經歷過家庭會議的寄養孩子和家人朋友回訪時經常問道：「你們仍然召開家庭會議嗎？」每個人都回憶起一些特別難忘的家庭會議時光。

在這個世界上，我們經常面對這樣一項事實：沒有人能為你做，以及你無法單靠自己做。令人安心的體驗是，家庭是每位成員對家人彼此都負有一些責任的地方，每個人都可以感受到連結、能力和重要。

附錄

議程示例

THE BETTNER家庭會議議程

會議召開時間：　　　　　會議主席：

出席成員：　　　　　　　會議記錄者：

欣賞／感謝／讚揚：

上次會議紀錄

議題／關注：　　　　　姓名：

　建議：

　選擇的解決方案：

（重複數個已提案的議題）

公告／宣布事項

下星期家庭需求

這星期預定處理的家庭工作（家務分工事項）：

　姓名：　　　　　　選定的工作：

這星期家庭娛樂活動：

下次會議時間和地點：

茶點（由會議主席選擇或準備）

適合年幼孩子的家庭會議議程

	上星期會議紀錄
	欣賞／感謝／讚揚
	議題／關注／解決方案
	公告／宣布事項
	家庭需求
	家庭工作
	這星期家庭娛樂活動

（插圖者：陳喬堯‧蔡承豪）

THE LONBERG-LEW會議形式

靜默一分鐘：

　　給予機會思考關於讚揚和欣賞（感謝）。

讚揚／欣賞（感謝）

舊議題回顧：

　　閱讀上星期記錄者完成的會議紀錄。解決方案有效嗎？有什麼需要重新提案處理或留待下次會議處理的？

新議題討論：

　　處理已寫在議程公告版上的關注議題

　　公告／宣布事項

　　未來一星期工作規劃

　　家庭財務

保管盒檢查：

　　這是雜亂物品的「萬一行不通」預防措施。散落四處超過24小時的個人物品將被收放在保管盒內，直到家庭會議時才可以認領取回。保管盒內所有物品必須在家庭款待開始前領走。

家庭款待（茶點時間）：

　　由現任會議主席從家庭款待基金撥款提供茶點。

晚上8:00休會：

　　為了參加家庭儀式—觀賞《比爾·寇斯比秀》（譯者註：The Bill Cosby Show／美國電視情境喜劇）。

班級會議

　　如果父母和教師都運用可發展關鍵四C的策略，並教導孩子基本社會技巧，您能想像每個孩子會有多成功嗎？魯道夫‧德雷克斯建議在家庭和學校都召開會議。

　　美國加利福尼亞州沙加緬度市（Sacramento, California）的小學教師弗蘭克‧梅德（Frank Meder）和諮商心理師約翰‧普拉特（John Platt）開發一個令人印象深刻的班級會議系統。

　　提供學生使用的議程簿，教導學生在議程簿內列出他們所遭遇的任何困難或問題。每星期在預定的時間，全班同學迅速圍坐一圈，由大家一起解決問題。

　　這個形式使用兩個步驟—讚賞和問題解決。

讚賞
　　教師邀請任何舉手並有意願讚賞某位或一群同學的學生進行表達。接收到讚賞的學生則回答「謝謝你」。

問題解決
　　教師邀請議程簿第一順位的學生朗讀其中提列的問題，接著詢問：「吉姆，這個問題仍然很重要嗎？」如果吉姆回答說「不」，教師就會回到議程簿裡所提列的下個

問題。

如果吉姆回答說「是」，教師就會繼續陳述問題並且詢問全班：

「當這件事發生在自己身上時，有多少人喜歡它？」
「當這件事發生在自己身上時，有多少人不喜歡它？」

這種快速表決是一種即時而有力的方法，用來調查該群體對社會可接受或不可接受的行為及看法。此做法並非調查學生被教師批評的感覺，而是學生能了解某一行為如何影響他人。

如果投訴是針對另一名學生提出的，那麼這個孩子會被問到：「蘇西，妳認為應該對此做些什麼嗎？」然後再問：「妳有什麼提議嗎？」

這個提問對那些因決定而受到影響的人表現出尊重。蘇西被邀請分享她對合宜結果的個人見解和判斷，以及被鼓勵對自身行為承擔直接責任。

如果蘇西提出建議，則詢問全班：「有多少人認為這是個好提議？」如果全班大多數人認為此提議是可被接受的，那麼提議將用於修正問題和／或發展出合乎邏輯的結果。

如果蘇西的提議不被接受，吉姆就會被徵詢是否能推薦有助於蘇西解決問題的可行方案。然後繼續向班級成員徵求其他可能性。只要不超過五項解決方案，都將被接受以納入考量。需留意的是，任何提請全班審核考量的解決方案或建議，都必須符合以下要求：與事件相關、合理、尊重、協助同學為自己的行為承擔責任。

誦讀這些建議並請全班票選他們認為對蘇西最有助益的建議。獲得最多選票的解決方案將被決議執行。

蘇西可以選擇何時執行解決方案。舉例來說，如果這個解決方案是讓蘇西為自己在操場上的不當行為暫停一次課間休息，老師就會詢問蘇西，她想要選擇在下次預定的課間休息時間執行，還是後續的課間休息時間執行。這是保證孩子不會被忽視、貶低或排除任何會影響她執行步驟的一種方式。

然後也會詢問全班，看看有誰想要給予蘇西任何提醒，以避免她再次遭遇相同問題。

弗蘭克・梅德和約翰・普拉特已發行能應用於班級會議的培訓指南錄影帶，可透過下列方式購買：

Dr. John M. Platt
Seminars & Workshops
9019 El Oro Plaza Drive
Elk Grove, CA 95624
Email：familyzoo@frontiernet.net
TEL：916-685-9097

聯繫學校：社會能力課程方案

另一個受歡迎的班級會議應用方案，是由威爾斯利學院史東中心開發。它使用一種稱為「Open Circle 開放圈」的形式，教導學生所有的必要技能。這個方案包括：對教師的培訓與支持，以及為每星期實施兩次開放圈而設計的年級適合課程計畫。如需要更多資訊，請聯繫：

The Reach Out to Schools:
Social Competency Program
The Stone Center
Wellesley College
106 Central Street
Wellesley, MA 02181-8268
TEL: 781 283-2847

在家庭會議中提問

1. 承認問題。想想看真正困擾你的是什麼。請具體明確。
2. 展現尊重。聚焦在情境，而不是人。避免貶低、諷刺、批評、指責、貼標籤或嘲笑。（你沒有在思考！那是一件愚蠢的事情！你根本心不在焉！你總是丟三落四！你從來沒有信守承諾！）
3. 邀請討論並尋求協助以解決問題。
4. 記住，家庭會議是培養關鍵四C，以及教導基本技巧和能力的機會。解決眼前的問題，不如教導問題解決來得重要。

舉例：

「我有個困擾，需要你的協助。晚飯後，我到起居室放鬆時，覺得非常不舒服，因為我看到房間四處散落著文件、餐具、衣服和書籍。你們怎麼看這情況？這件事該如何處理？有誰可以提出一些想法？」

而非：

「我真的很沮喪。你們真是懶惰。我不得不提醒你們一百次，要把自己的東西帶走。從現在開始，在房間全部整理乾淨之前，不准看電視。」

「關鍵四C」圖表

連結
我需要相信自己有一席之地。我有歸屬。

能力
我需要相信自己能做到。

價值
我需要相信自己能有所作爲。

勇氣
我需要相信自己能處理所發生的事。

當我們感覺有連結時：	當我們感覺不到連結時：
感受：安全	感受：不安全、孤立
行為：聯繫、結交朋友、合作	行為：容易遭受同儕壓力、可能會試圖以負面方式引起注意

需要：溝通技巧

當我們覺得有能力時：	當我們覺得沒有能力時：
感受：有能力	感受：不足、失控
行為：展現自我控制 發展自我信賴	行為：試圖控制他人和／或挑釁、可能會變得依賴、尋求權力

需要：發展自律

當我們相信自己是重要的：	當我們不相信自己重要的：
感受：受重視的	感受：微不足道、受到傷害
行為：貢獻所長	行為：可能會以傷害方式反擊、或表現出痛苦、尋求報復

需要：承擔責任

當我們有勇氣時：	當我們沒有勇氣時：
感受：平等、自信、充滿希望	感受：自卑、失敗、無望
行為：面對挑戰、願意嘗試、發展適應力	行為：放棄、使用迴避

需要：良好判斷

關鍵四C培養提示

幫助孩子感覺有連結

- 提供許多合作互動機會
- 給予積極的關注
- 發現及認可優勢與才能
- 展現出接納—將「行為與行為者」分開
- 安排時間與孩子約會
- 召開家庭會議

幫助孩子感到有能力

- 犯錯是一種學習經驗。出問題時，看看如何解決問題，而非責怪誰
- 專注於努力，而非錯誤
- 聚焦於改進，而非完美
- 分析成功
- 建立優勢。指出在測驗或報告中做得好的地方
- 教導權利、特權與責任相伴
- 允許爭取並獲得成功

幫助孩子感到有價值

- 經由貢獻

—有意義的工作（家務）

　　　—規劃預定行程

　　　—幫助他人

　　　—教導技巧

　　　—在社區中提供協助

　・透過認可

　　　—在家庭會議裡給予感謝和讚賞

　　　—幫助孩子設定目標並評估改進

幫助孩子發展出勇氣

　・有勇氣不完美

　・指出優勢

　・不與他人比較

　・鼓勵自我評估

　・避免讓人氣餒的協助。例如：

　　　—忽視不當行為而且未採取適當行動

　　　—定期幫孩子做他們自己可以做的事

　　　—將他們從不舒服的行為結果中解救出來

　・避免批評

關於阿爾弗雷德‧阿德勒

（Alfred Adler 1870-1937）

阿爾弗雷德‧阿德勒是維也納精神病學家，也是本世紀社會科學家先驅之一。雖然他的職業生涯始於眼科醫生，但是後來轉向全科實習，再轉向神經病理學。阿德勒認為人類具有社會動機，以及具備動態及獨立行動的能力。當他了解家庭和社會對人格發展的影響，以及認知在社會脈絡下理解他人的重要性；他相信，關於如何應對生活事件，個體會創造出自己的評估與選擇。早在1900年，他開始討論重要概念和議題如：社會平等、父母教育、出生序的影響，以及對社會福祉的貢獻等。阿德勒將自己的理論命名為個體心理學，藉以強調聚焦在個體的整體性。

終其一生，他特別有興趣於「教導父母和教師在教養孩子上的實踐」。他在第一次世界大戰中擔任醫務軍官，之後則在維也納學校建立超過30間兒童輔導診所。舉凡加入這些診所的教師、父母、社會工作者和醫師都學習如何了解並鼓勵孩子。阿德勒一再強調「發展孩子對自身優勢之信心」的重要性。他相信孩子最大財富就是面對生活挑戰的勇氣。1935年，納粹關閉阿德勒創立的所有診所，他因而移居美國。

現今，阿德勒的概念被廣泛用於教育、社區方案、商業、諮商和臨床實務。隨著人們持續於生活中致力追尋更

大的民主與實踐之際，阿爾弗雷德‧阿德勒的思想與其後
進者的觀點將變得更加重要。

參考書目・閱讀建議

參考書目

Adler, Alfred. *The Education of Children*. Chicago: Henry Regnary Company, 1970.

Adler, Alfred. *What Life Could Mean To You*. Translated by Colin Brett, Oxford: Oneworld Publications, 1992.

Ansbacher, H. and Ansbacher, R., eds. *The Individual Psychology of Alfred Adler*. New York: Harper & Row, 1956.

Bettner, Betty Lou. "How to Produce a Friendly. Responsible, Capable, Cooperative, Resourceful Human Being. "*Foster Care Journal*, January 1, 1984, 1-8.

Dreikurs, Rudolf and Soltz, V. *Children: The Challenge*. New York: Hawthorn Books, 1964.

Dreikurs, Rudolf; Corsini, R., and Gould; S. *How to Stop Fighting with Your Kids*. New York: Ace Books, 1974.

Glenn, H. Stephen, and Warner, J. *Developing Capable Young People*. Texas: Humansphere, 1982.

Lew, Amy. "Use and Misuse of Dreikursian Principles in Parent Education. "*The Individual Psychologist*,15（2）1978:41-45.

閱讀建議
《一般親職教養》

Albert, Linda, and Elizabeth Einstein. *Strengthening Your Stepfamily*. Circle Pines, Minn.: American Guidance Service, 1986.

Bavolek, S. J. *Shaking, Hitting, Spanking: What to Do Instead*. Park City, Utah: Family Development Resources, Inc., 1990.

Bayard, Jean, and Robert Bayard. *How to Deal with Your Acting-Up Teenager*. San Jose, Calif. Accord Press, 1981.

Comer, James, and Alvin Poussaint. *Raising Black Children*. New York: Penguin Books, 1992.

Dinkmeyer, Don, and Gary McKay. *Raising a Responsible Child*. New York: Simon and Schuster, 1973.

Dreikurs, Rudolf, and Vicki S. *Children: The Challenge*. New York: Plume Printing, 1990.

Faber, Adele, and Elaine Mazlish. *How to Talk So Your Kids Will Listen and Listen So Your Kids Will Talk*. New York: Avon Books, 1990.

Glenn, H. Stephen, and Jane Nelsen. *Raising Self-Reliant Children In A Self-Indulgent World*. Rocklin, Calif.: Prima Publishing, 1998.

Gordon, Thomas. P.E.T. —*Parent Effectiveness Training*. New York: Peter H. Wyden, 1970.

Harrison-Ross, P., & B. Wyden. *The Black Child: A Parent's Guide*. New York: Peter H. Wyden, Inc., 1973.

Lew, Amy, and Bettner, Betty Lou. *A Parent's Guide to Understanding and Motivating Children*. Newton Centre, MA: Connexions press, 2000.

Lott, Lynn, and Riki Intner. *The Family That Works Together*. Rocklin, Calif.: Prima Publishing, 1994.

Main, Frank. *Perfect Parenting and other Myths*. Minneapolis, Minn.: CompCare Publishing., 1986.

Walton, Francis. *Winning Teenagers Over*. Columbia, So. Car.: Adlerian Child Care Books, 1980.

Weinhaus, Evonne. and Karen Friedman. *Stop Struggling with Your Child*. St. Louis, Mo.: J.B. Speck Press, 1991.

Weinhaus, Evonne, and Karen Friedman. *Stop Struggling with Your Teen*. St. Louis, Mo.: J.B. Speck Press, l984.

《父母教育課程》

Bettner, Betty Lou, and Amy Lew. *Raising Kids Who Can Series: Parent Study Group Leader's Guide*. Newton Centre, Mass.: Connexions Press, 1998.

Dinkmeyer, D. & McKay, G. *Systematic training for effective parenting*. Circle Pines, MN: American Guidance Service, 1976.

Dinkmeyer, D. & McKay, G. *Systematic training for effective of teens*. Circle Pines, MN: American Guidance Service, 1978.

Popkin, Michael. *Active Parenting Today*. Atlanta: Active Parenting, 1993.

Popkin, Michael. *Active Parenting of Teens*. Atlanta: Active Parenting, 1993.

《一般興趣》

Adler, Alfred. *What life Could Mean To You*. Translated by Colin Brett, Oxford: Oneworld Publications, 1992.

Dreikurs, Rudolf. *The Challenge of Marriage*. Philadelphia: Accelerated Development, 1999.

Dreikurs, Rudolf. *Social Equality: The Challenge of Today*. Chicago: Alfred Adler School of Professional Psychology.

For more information about Alfred Adler, Individual Psychology and Adlerian parent and teacher education please contact:

The North American Society of Adlerian Psychology (NASAP)
Tel: 717-579-8795, Web page: www.alfredadler.org
Email: info@alfredadler.org

The International Committee of Adlerian Summer Schools and Institutes (ICASSI)
Fax: 613-733-0289
Web page: www.icassi.net Email: mjballa@sympatico.ca

關於作者

艾咪‧盧（Amy Lew）和貝蒂露‧貝特納（Betty Lou Bettner）兩位博士是CONNEXIONS聯合創始人。她們為許多國家的父母、教師和諮商心理師同儕舉辦研討會，包括：捷克、馬爾他、荷蘭、奧地利、俄羅斯、立陶宛、德國、瑞士、加拿大、愛沙尼亞、波多黎各、愛爾蘭和英國。貝特納和盧兩位博士為「培養父母和子女以及成年伴侶之間穩固正向關係所需要的基本元素」帶來國際觀點。她們的論述已出現在多個全國性出版品裡，包括：紅皮書、在職母親、親子雜誌、電視和廣播脫口秀節目，以及全國各城市報紙文章等等。

貝蒂露‧貝特納（博士，認證專業諮商師／LPC）在賓夕法尼亞州米迪亞市私人執業，專長個人、伴侶和家庭諮商。北美阿德勒心理學會代言人（Diplomate）、賓夕法尼亞州費城聖家大學研究生學院兼任教師，以及阿德勒夏日學校及機構國際委員會工作人員和董事會成員。貝蒂露曾任職家庭教育中心主任，並曾擔任北美阿德勒心理學會常務委員。

艾咪‧盧（博士，認證心理健康諮商師／LMHC，認證婚姻與家族治療師／LMFT）在麻薩諸塞州紐頓市私人執業，專長伴侶、個人和家庭諮商。艾咪在麻薩諸塞州劍橋家庭學院任教，並曾擔任北美阿德勒心理學會副會長。

她的職業生涯始於幼兒教育工作者。

　　貝蒂露和艾咪合著許多出版品，包括：《教出有能力的孩子系列—給父母、教育工作者、與孩子一起工作的成人》，以及《灰姑娘續集—當童話結束而現實生活開始時，一本關於成人關係的書》。兩人共同編輯《個體心理學期刊》的家庭介入專欄。

作者其他書籍簡介

A Parent's Guide to Understanding and Motivating Children
《理解與激勵孩子的父母指南》

　　這是一本提供所有父母使用的清晰簡明指南。它以非常實用方式幫助父母了解孩子的行爲和不當行爲。這是一本相當鼓舞人心的書。本書以文字表達身爲父母的擔憂，並說明有助於解決日常問題的技巧，這對某些人而言是莫大解脫。它特別適用於在家庭內創造合作。我相信它可以成爲你在教養困境中的持續陪伴者，與你一起走過努力將孩子培養成爲負責任、有愛心和討人喜歡的成人。強烈推薦。

　　　　　　　　　　　　　　　　—露絲‧法瑞爾，愛爾蘭父母網絡

Responsibility in the Classroom: A Teacher's Guide to Understanding and Motivating Students
《班級裡的責任：理解與激勵學生的教師指南》

　　在《班級裡的責任》書中，艾咪‧盧和貝蒂露‧貝特納提出理論架構、實用且易於理解的策略和建議，以期在師生、學生同儕、合作性班級社群之間發展出關懷與尊重的關係。她們提供架構以幫助教師了解孩子的行爲，並發展策略以達成「關鍵四C」：感覺有連結、有能力、知道自己有價值，以及發展勇氣。她們的方法是樂觀的……「發展關鍵四C」成爲創造班級社群感的指導原則……

Cinderella, The Sequel (A fairy tale for adults!)

《灰姑娘續集（給成人的童話故事！）》

「當童話結束，現實生活開始時」是這個迷人且療癒故事的副標題。盧和貝特納敏銳意識到，墜入愛河和結婚只是建立長遠關係過程中「相對容易」的第一步。在《灰姑娘》續集裡，我們看到灰姑娘和白馬王子兩人之間發生的事，當他們學會共同生活並且相互了解……盧和貝特納非常有用的具體建議，適用於任何需要協助以持續在關係中努力的伴侶……這個迷人比喻是無價的，對於……在人際關係中掙扎的伴侶和個人而言……

Raising Kids Who Can Series—Parent Study Group Leader's Guide

《教出有能力的孩子系列—父母學習小組帶領人指南》

本指南旨在幫助父母學習小組帶領人、諮商心理師、社會工作師和治療師教導《教出有能力的孩子》與《理解與激勵孩子的父母指南》等書中提及的概念與策略。

帶領人指南分為三個部分。第一部分提供「學習小組運作」相關提示。第二和第三部分各提供六節課程。這兩門課程都強調「發展關鍵四C」的重要性，其信念為個體需

要與他人連結，有能力照顧自己，有價值並被他人重視且有所貢獻，以及有勇氣迎接生活挑戰。這些課程還特別聚焦在父母如何培養孩子所需要的基本技能，例如：溝通技巧、良好判斷、自律，以及承擔責任的能力。

這兩門課程都包括：帶領人對相關材料的簡要介紹、強化概念的體驗式練習、新技能練習的時間，以及提供機會協助父母解決其關切、擔憂或疑慮等等。

> 我們對歸屬感的渴望源自於我們意識到自己無法獨立生存，既然是生命整體的一部分，即便面對不平等，我們也要透過接納合作和參與貢獻（非比較和競爭）來取得生存最終的保護。
>
> ——Julia Y. Blagen

國家圖書館出版品預行編目資料

家庭會議—自信自立的開端／Betty Lou Bettner
& Amy Lew 原著；黃慧森、趙元芝 翻譯. --初
版.--臺中市：白象文化事業有限公司，2023.10
　　面；　公分
譯自：Raising kids who can
ISBN 978-626-364-000-9（平裝）
1.CST: 家庭溝通 2.CST: 親職教育 3.CST: 育兒
544.1　　　　　　　　　　　　112004035

四C人生：阿德勒心理健康雕塑系列手冊（五之四）

家庭會議—自信自立的開端

作　　者　Betty Lou Bettner & Amy Lew
譯　　者　黃慧森、趙元芝
總 校 閱　楊瑞珠
封面設計　陳喬堯、蔡承豪
插圖設計　陳喬堯、蔡承豪
發 行 人　張輝潭
出版發行　白象文化事業有限公司
　　　　　412台中市大里區科技路1號8樓之2（台中軟體園區）
　　　　　出版專線：（04）2496-5995　　傳眞：（04）2496-9901
　　　　　401台中市東區和平街228巷44號（經銷部）
　　　　　購書專線：（04）2220-8589　　傳眞：（04）2220-8505
專案主編　陳婷婷
出版編印　林榮威、陳逸儒、黃麗穎、水邊、陳婷婷、李婕
設計創意　張禮南、何佳誼
經紀企劃　張輝潭、徐錦淳
經銷推廣　李莉吟、莊博亞、劉育姍、林政泓
行銷宣傳　黃姿虹、沈若瑜
營運管理　林金郎、曾千熏
印　　刷　基盛印刷工場
初版一刷　2023年10月
定　　價　360元

白象文化　印書小舖 PressStore　出版・經銷・宣傳・設計
www•ElephantWhite•com•tw　自費出版的領導者　購書 白象文化生活館